英語おさらいドリル

3年

JN131637

こちらから
単語や文章の音声を
聞くことができます。

年　　組

✎ アルファベットの大文字をなぞりましょう。また、くり返し書いてみましょう。

A　B　C　D　E　F

G　H　I　J　K　L

M　N　O　P　Q　R

S　T　U　V　W　X

Y　Z

✎ アルファベットの小文字をなぞりましょう。また、くり返し書いてみましょう。

a　b　c　d　e　f

g　h　i　j　k　l

m　n　o　p　q　r

s　t　u　v　w　x

y　z

国名を表す言葉

✎ 国名を表す言葉をなぞりましょう。また、くり返し書いてみましょう。

□ブラジル

Brazil

□カナダ

Canada

□エジプト

Egypt

□フランス

France

□イタリア

Italy

1 出身国を伝えるとき

I'm from ___ .

（わたしは○○の出身です。）

2 好きな国を伝えるとき

I like ___ .

（わたしは○○が好きです。）

3 好きな国をたずねるとき

Do you like ___ ?

（あなたは○○が好きですか。）

Yes, I do.

（はい、好きです。）

くだものを表す言葉

✎ くだものを表す言葉をなぞりましょう。また、くり返し書いてみましょう。

□ サクランボ

cherries

□ パイナップル

pineapples

□ マンゴー

mangos

□ グレープフルーツ

grapefruits

□ 洋ナシ

pears

6

聞かれたことについて、自分ならどう答えるか書いてみましょう。
空らんの言葉をうめたら、文全体をなぞりましょう。

1 好きなくだものを聞かれたとき

What fruit do you like?

（あなたは何のくだものが好きですか。）

I like 　　　　　　　　　　　　　.

（わたしは〇〇が好きです。）

2 くだものの数をたずねるとき

How many 　　　　　　　　　　？

（〇〇はいくつありますか。）

Three.

（３個です。）

✏ 野菜を表す言葉をなぞりましょう。また、くり返し書いてみましょう。

□ キャベツ

cabbage

□ トウモロコシ

corn

□ キュウリ

cucumbers

□ レタス

lettuce

□ ナッツ

nuts

自分ならどう伝えるか書いてみましょう。
空らんの言葉をうめたら、文全体をなぞりましょう。

1 好きな野菜をたずねるとき

Do you like ＿＿＿＿＿＿＿＿＿ ?

（あなたは〇〇が好きですか。）

Yes, I do.

（はい、好きです。）

No, I don't.

（いいえ、好きではありません。）

2 好きではない野菜を伝えるとき

I don't like ＿＿＿＿＿＿＿＿＿ .

（わたしは〇〇が好きではありません。）

✎ スポーツを表す言葉をなぞりましょう。また、くり返し書いてみましょう。

□アーチェリー

archery

□バドミントン

badminton

□ボクシング

boxing

□体そう

gymnastics

□ラグビー

rugby

聞かれたことについて、自分ならどう答えるか書いてみましょう。
空らんの言葉をうめたら、文全体をなぞりましょう。

1 好きなスポーツを聞かれたとき

What sport do you like?

（あなたは何のスポーツが好きですか。）

I like ⬚⬚⬚⬚⬚⬚⬚⬚⬚⬚ .

（わたしは○○が好きです。）

2 好きなスポーツをたずねるとき

Do you like ⬚⬚⬚⬚⬚⬚⬚⬚ ?

（あなたは○○が好きですか。）

Yes, I do.

（はい、好きです。）

No, I don't.

（いいえ、好きではありません。）

動物・水中動物を表す言葉

✎ 動物・水中動物を表す言葉をなぞりましょう。また、くり返し書いてみましょう。

□ クマ

bear

□ ブタ

pig

□ タヌキ

raccoon dog

□ イルカ

dolphin

□ クジラ

whale

聞かれたことについて、自分ならどう答えるか書いてみましょう。
空らんの言葉をうめたら、文全体をなぞりましょう。

① 学芸会で自分の役を聞かれたとき

Who are you?

（あなたはだれですか。）

I'm a _____ .

（わたしは〇〇です。）

② 「あなたは～ですか。」とたずねるとき

Are you a _____ ?

（あなたは〇〇ですか。）

Yes, I am.

（はい、そうです。）

No, I'm not.

（いいえ、ちがいます。）

こん虫を表す言葉

✎ こん虫を表す言葉をなぞりましょう。また、くり返し書いてみましょう。

□トンボ

dragonfly

□バッタ

grasshopper

□カブトムシ

beetle

□チョウ

butterfly

□ハチ

bee

14

聞かれたことについて、自分ならどう答えるか書いてみましょう。
空らんの言葉をうめたら、文全体<ruby>全<rt>ぜん</rt></ruby><ruby>体<rt>たい</rt></ruby>をなぞりましょう。

1 絵にかかれたものが何か聞かれたとき

What's this?

（これは何ですか。）

It's a ___.

（それは〇〇です。）

2 「あなたは〜ですか。」とたずねるとき

Are you a ___?

（あなたは〇〇ですか。）

Yes, I am.

（はい、そうです。）

No, I'm not.

（いいえ、ちがいます。）

A

教科書ぴったりトレーニング

はなまるシール

★ ふろくの「がんばり表」に使おう！
★ はじめに、キミのおとも犬を選んで、がんばり表にはろう！
★ 学習が終わったら、がんばり表に「はなまるシール」をはろう！
★ 余ったシールは自由に使ってね。

キミのおとも犬

元気いっぱい お肉大好き！

つっこみ役 みんなの世話係

ちょっとこわがり 最年少

おっとり 読書好き

やさしくて物知り みんなの先生

はなまるシール

すごい！　いいね！　集中!!　その調子！　できる！　ナイス！　むずかい…　がんばろう！　もう1回!!　よくできたね！

国語　理科　英語　算数　社会

ごほうびシール

よくできました

教科書ぴったりトレーニング

英語 3年 がんばり表

いつも見えるところに、この「がんばり表」をはっておこう。
この「ぴたトレ」を学習したら、シールをはろう！
どこまでがんばったかわかるよ。

すきななまえをつけてね！

なまえ

ぴた犬
（おとも犬）
シールを
はろう

シールの中からすきなぴた犬をえらぼう。

おうちのかたへ

がんばり表のデジタル版「デジタルがんばり表」では、デジタル端末でも学習の進捗記録をつけることができます。1冊やり終えると、抽選でプレゼントが当たります。「ぴたサポシステム」にご登録いただき、「デジタルがんばり表」をお使いください。LINE または PC・ブラウザを利用する方法があります。

LINE用　PC・ブラウザ用

★ ぴたサポシステムご利用ガイドはこちら ★
https://www.shinko-keirin.co.jp/shinko/news/pittari-support-system

---

Unit 3　いくつですか

26〜27ページ	24〜25ページ	22〜23ページ
ぴったり3	ぴったり12	ぴったり12
できたらシールをはろう	できたらシールをはろう	できたらシールをはろう

Unit 2　お元気ですか

20〜21ページ	18〜19ページ	16〜17ページ	14〜15ページ
ぴったり3	ぴったり12	ぴったり12	ぴったり12
できたらシールをはろう	できたらシールをはろう	できたらシールをはろう	できたらシールをはろう

Unit 1　こんにちは

12〜13ページ	10〜11ページ	8〜9ページ
ぴったり3	ぴったり12	ぴったり12
できたらシールをはろう	できたらシールをはろう	できたらシールをはろう

スタート

Unit 4　青が好きです

28〜29ページ	30〜31ページ	32〜33ページ	34〜35ページ	36〜37ページ
ぴったり12	ぴったり12	ぴったり3	ぴったり12	ぴったり3
できたらシールをはろう	できたらシールをはろう	できたらシールをはろう	できたらシールをはろう	できたらシールをはろう

Unit 5　何が好きですか

38〜39ページ	40〜41ページ	42〜43ページ	44〜45ページ
ぴったり12	ぴったり12	ぴったり12	ぴったり12
できたらシールをはろう	できたらシールをはろう	できたらシールをはろう	できたらシールをはろう

Unit 8　これは何？

66〜67ページ	64〜65ページ	62〜63ページ	60〜61ページ
ぴったり3	ぴったり12	ぴったり12	ぴったり12
できたらシールをはろう	できたらシールをはろう	できたらシールをはろう	できたらシールをはろう

Unit 7　あなたにどうぞ

58〜59ページ	56〜57ページ	54〜55ページ	52〜53ページ
ぴったり3	ぴったり12	ぴったり12	ぴったり12
できたらシールをはろう	できたらシールをはろう	できたらシールをはろう	できたらシールをはろう

Unit 6　アルファベット

50〜51ページ	48〜49ページ	46〜47ページ
ぴったり3	ぴったり12	ぴったり12
できたらシールをはろう	できたらシールをはろう	できたらシールをはろう

Unit 9　きみはだれ？

68〜69ページ	70〜71ページ	72〜73ページ	74〜75ページ	76〜77ページ	78〜79ページ
ぴったり12	ぴったり12	ぴったり3	ぴったり12	ぴったり12	ぴったり3
できたらシールをはろう	できたらシールをはろう	できたらシールをはろう	できたらシールをはろう	できたらシールをはろう	できたらシールをはろう

ゴール

さいごまでがんばったキミは「ごほうびシール」をはろう！

ごほうび
シールを
はろう

教科書ぴったりトレーニングの使い方

『ぴたトレ』は学校の授業にぴったり合わせて使うことができるよ。
ぴた犬たちが勉強をサポートするよ。

ふだんの学習

ぴったり1 じゅんび

学校の授業のだいじなところをまとめていくよ。
◎めあて でどんなことを勉強するかわかるよ。
音声を聞きながら、自分で声に出してかくにんしよう。

ぴったり2 練習

「ぴったり1」で勉強したこと、おぼえているかな？
かくにんしながら、自分で書く練習をしよう。

ぴったり3 たしかめのテスト

「ぴったり1」「ぴったり2」が終わったら取り組んでみよう。
学校のテストの前にやってもいいね。
わからない問題は、 ふりかえり を見て前にもどってかくにんしよう。

実力チェック

- 🌻 夏のチャレンジテスト
- ⛄ 冬のチャレンジテスト
- 🌸 春のチャレンジテスト
- 3年 英語のまとめ 学力診断テスト

夏休み、冬休み、春休み前に使いましょう。
学期の終わりや学年の終わりのテストの前にやってもいいね。

ふだんの学習が終わったら、「がんばり表」にシールをはろう。

別冊

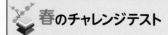
丸つけラクラクかいとう

問題と同じ紙面に赤字で「答え」が書いてあるよ。
取り組んだ問題の答え合わせをしてみよう。まちがえた問題やわからなかった問題は、右の「てびき」を読んで、もう一度見直そう。

英語 3年 学校生活で使う英語

ここでは、教室でよく使う表現だけでなく、
学校生活で使われる表現を知ることができます。
それぞれどんな場面でよく使われるか考えてみましょう。

ここから音声が
聞けるよ！

Good morning, everyone.
おはようございます、みなさん。

Good morning, Mr. White.
おはようございます、ホワイト先生。

Read it aloud.
声に出して読みましょう。

I have a headache.
頭がいたいです。

What's wrong?
どうしましたか。

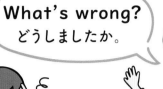

Ken is absent today.
ケンは今日は、欠席です。

Let's make a line.
1列に並びましょう。

Excuse me.
しつれいします。

Repeat after me.
わたしのあとについて、
くりかえし言いましょう。

Raise your hands.
手をあげてください。

That's all for today.
今日はこれで
終わりです。

Today, we're going to play a game.
今日はゲームをします。

Don't talk with your friends.
友だちとおしゃべりしてはいけません。

Sorry.
ごめんなさい。

It's time to go home.
家に帰る時間だ。

See you tomorrow.
また明日ね。

Open your textbook to page 22.
教科書の22ページを開いてください。

ちょっとひといき

勉強につかれたときは、
ストレッチをして
一息ついてみましょう。

Stretch your back.
せなかをのばしましょう。

Lift and drop your shoulders.
肩を上げ下げしましょう。

Breathe deeply.
深呼吸をしましょう。

からだ

Head and Shoulders （頭，かた）

Let's sing and touch each part of your body,
Head, shoulders, knees and toes, knees and toes.
Head, shoulders, knees and toes, knees and toes.
And, eyes and ears and mouth and nose.
Head, shoulders, knees and toes, knees and toes.

> 歌いながら，からだの部分をさわってみましょう。

Head, Shoulders
ヘド　ショウルダァズ
頭　　かた

knees, and toes
ニーズ　トゥズ
ひざ　つま先

Eyes and ears
アイズ　イアズ
目　　耳

mouth and nose
マウス　ノウズ
口　　鼻

数字

Let's Count! （数えてみましょう。）

リズムに乗って，1から30まで数えてみましょう。

1 ワン one	2 トゥー two	3 スリー three	4 フォー four	5 ファイヴ five
6 スィクス six	7 セヴン seven	8 エイト eight	9 ナイン nine	10 テン ten
11 イレヴン eleven	12 トゥウェルヴ twelve	13 サーティーン thirteen	14 フォーティーン fourteen	15 フィフティーン fifteen
16 スィクスティーン sixteen	17 セヴンティーン seventeen	18 エイティーン eighteen	19 ナインティーン nineteen	20 トゥウェンティ twenty
21 トゥウェンティ ワン twenty-one	22 トゥウェンティ トゥー twenty-two	23 トゥウェンティ スリー twenty-three	24 トゥウェンティ フォー twenty-four	25 トゥウェンティ ファイヴ twenty-five
26 トゥウェンティ スィクス twenty-six	27 トゥウェンティ セヴン twenty-seven	28 トゥウェンティ エイト twenty-eight	29 トゥウェンティ ナイン twenty-nine	30 サーティ thirty

右のQRコードから、
音声を聞くことができます。

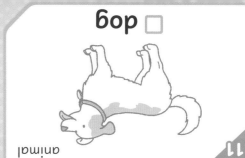
☐ blue
color
14

☐ black
color
13

☐ wild boar
animal
12

☐ dog
animal
11

☐ chicken
animal
10

☐ monkey
animal
9

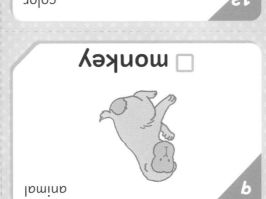
☐ sheep
animal
8

☐ horse
animal
7

☐ snake
animal
6

☐ dragon
animal
5

☐ rabbit
animal
4

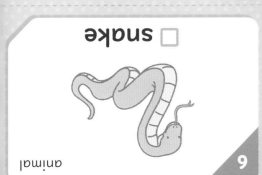
☐ tiger
animal
3

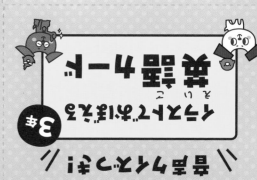

☐ cow
animal
2

☐ mouse
animal
1

単語テスト付き！
イラストでおぼえる
英単語カード
3章

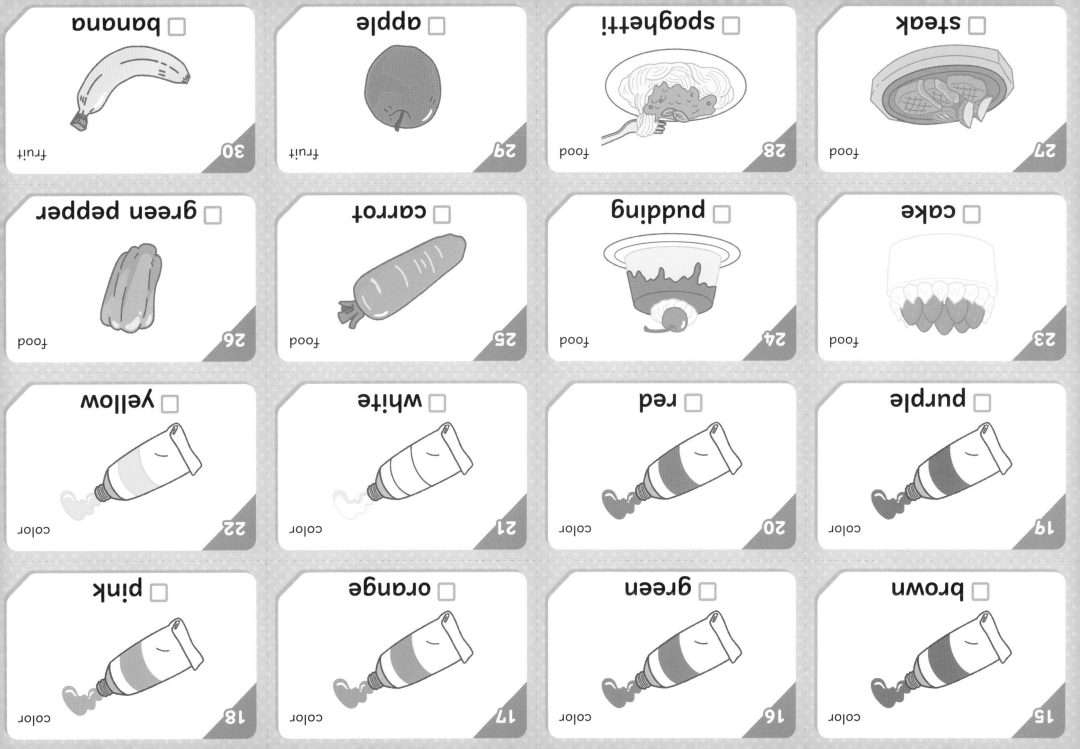

☐ banana — fruit — 30	☐ apple — fruit — 29	☐ spaghetti — food — 28	☐ steak — food — 27
☐ green pepper — food — 26	☐ carrot — food — 25	☐ pudding — food — 24	☐ cake — food — 23
☐ yellow — color — 22	☐ white — color — 21	☐ red — color — 20	☐ purple — color — 19
☐ pink — color — 18	☐ orange — color — 17	☐ green — color — 16	☐ brown — color — 15

18 色	17 色	16 色	15 色
 ☐ ピンク	 ☐ オレンジ色	 ☐ 緑(みどり)	 ☐ 茶色

22 色	21 色	20 色	19 色
☐ 黄色	 ☐ 白	 ☐ 赤	 ☐ むらさき

26 食べ物	25 食べ物	24 食べ物	23 食べ物
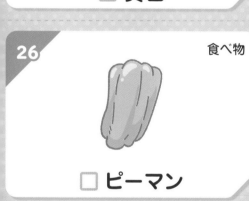 ☐ ピーマン	 ☐ ニンジン	 ☐ プリン	 ☐ ケーキ

30 くだもの	29 くだもの	28 食べ物	27 食べ物
 ☐ バナナ	 ☐ リンゴ	 ☐ スパゲッティ	 ☐ ステーキ

31 fruit	32 fruit	33 fruit	34 fruit
☐ peach	☐ melon	☐ orange	☐ kiwi fruit

35 fruit	36 number	37 number	38 number
☐ strawberry	☐ zero	☐ one	☐ two

39 number	40 number	41 number	42 number
☐ three	☐ four	☐ five	☐ six

43 number	44 number	45 number	46 number
☐ seven	☐ eight	☐ nine	☐ ten

34 くだもの	33 くだもの	32 くだもの	31 くだもの
□ キウイフルーツ	□ オレンジ	□ メロン	□ もも

38 数字	37 数字	36 数字	35 くだもの
□ 2	□ 1	□ 0	□ イチゴ

42 数字	41 数字	40 数字	39 数字
□ 6	□ 5	□ 4	□ 3

46 数字	45 数字	44 数字	43 数字
□ 10	□ 9	□ 8	□ 7

47 number	48 number	49 number	50 number
☐ eleven	☐ twelve	☐ thirteen	☐ fourteen

51 number	52 number	53 number	54 number
☐ fifteen	☐ sixteen	☐ seventeen	☐ eighteen

55 number	56 number	57 shape	58 shape
☐ nineteen	☐ twenty	☐ circle	☐ diamond

59 shape	60 shape	61 shape	62 shape
☐ rectangle	☐ square	☐ star	☐ triangle

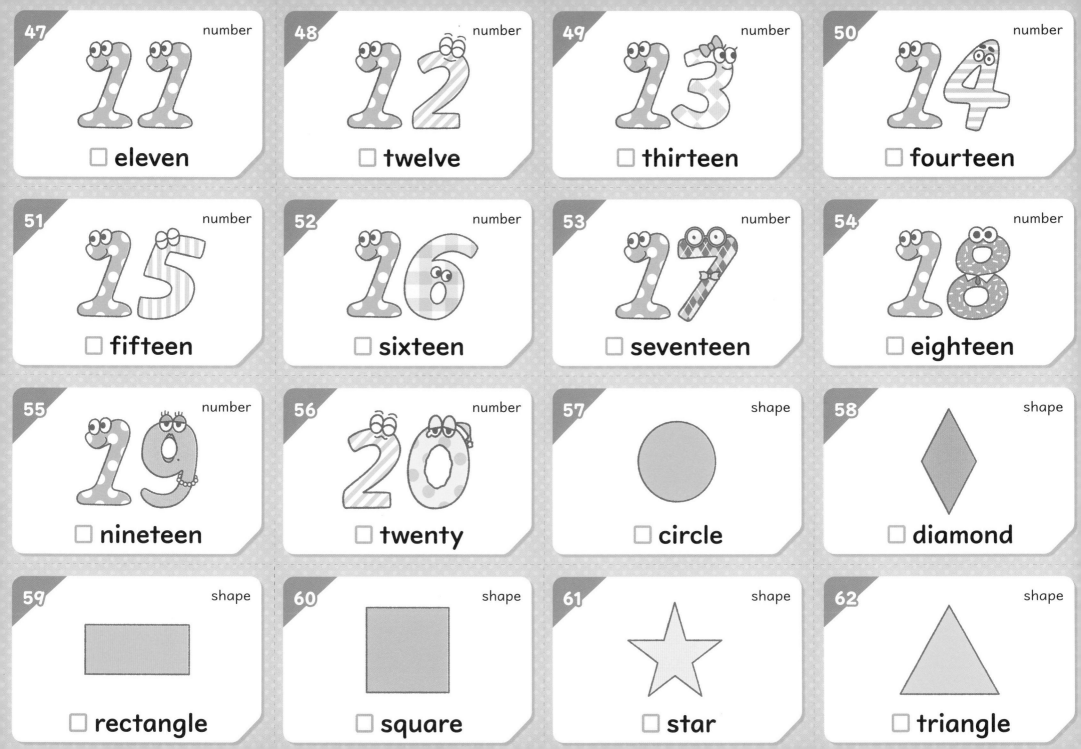

50 数字	49 数字	48 数字	47 数字
□ 14	□ 13	□ 12	□ 11

54 数字	53 数字	52 数字	51 数字
□ 18	□ 17	□ 16	□ 15

58 形	57 形	56 数字	55 数字
□ ひし形	□ 丸	□ 20	□ 19

62 形	61 形	60 形	59 形
□ 三角形	□ 星	□ 正方形	□ 長方形

もくじ

英語 3 年
英語活動
対応版

教科書ぴったりトレーニング

巻末	夏のチャレンジテスト／冬のチャレンジテスト／春のチャレンジテスト／学力しんだんテスト	とりはずして
別冊	丸つけラクラクかいとう	お使いください

🔊トラック 🔊トラック のついているところと、各付録の音声は、
右のQRコード、または専用の「ポケットリスニング」のアプリ
から聞くことができます。
「ポケットリスニング」について、くわしくは表紙の裏をご覧ください。
https://www.shinko-keirin.co.jp/shinko/listening-pittari_training/

スピーキングアプリ のついているところは
専用の「ぴたトレスピーキング」のアプリで学習
します。
くわしくは81ページをご覧ください。

アルファベットを学ぼう
大文字

アルファベット　大文字

ききトリ　音声でアルファベットの音を聞いて、後に続いて言ってみましょう。🔊トラック0

エイ	ビー	スィー	ディー	イー
☐ A	☐ B	☐ C	☐ D	☐ E

エフ	ジー	エイチ	アイ	ジェイ
☐ F	☐ G	☐ H	☐ I	☐ J

ケイ	エル	エンム	エンヌ	オウ
☐ K	☐ L	☐ M	☐ N	☐ O

ピー	キュー	アール	エス	ティー
☐ P	☐ Q	☐ R	☐ S	☐ T

ユー	ヴィー	ダブリュー	エクス	ワイ	ズィー
☐ U	☐ V	☐ W	☐ X	☐ Y	☐ Z

☑ 発音したらチェック

※アルファベットの書き順は目安です。
※この本では英語の発音をよく似たカタカナで表しています。
　めやすと考え、音声で正しい発音を確かめましょう。

かきトリ 声に出して文字をなぞった後、自分で2回ぐらい書いてみましょう。　できたらチェック！　□書く　□話す

① A

② B

③ C

④ D

⑤ E

⑥ F

⑦ G

⑧ H

⑨ I

⑩ J

⑪ K

⑫ L

⑬ M

⑭ N

⑮ O

⑯ P

⑰ Q

⑱ R

⑲ S

⑳ T

㉑ U

㉒ V

㉓ W

㉔ X

㉕ Y

㉖ Z

ヒント
大文字は、一番上の
線から3番目の線ま
での間に書くよ。

アルファベットを学ぼう
小文字

アルファベット　小文字

ききトリ　アルファベットをリズムに乗って言ってみましょう。　🔊トラック0

エィ ☐ **a**	ビー ☐ **b**	スィー ☐ **c**	ディー ☐ **d**	イー ☐ **e**
エフ ☐ **f**	ジー ☐ **g**	エイチ ☐ **h**	アイ ☐ **i**	ジェイ ☐ **j**
ケイ ☐ **k**	エル ☐ **l**	エンム ☐ **m**	エンヌ ☐ **n**	オウ ☐ **o**
ピー ☐ **p**	キュー ☐ **q**	アール ☐ **r**	エス ☐ **s**	ティー ☐ **t**

ユー ☐ **u**	ヴィー ☐ **v**	ダブリュー ☐ **w**	エクス ☐ **x**	ワイ ☐ **y**	ズィー ☐ **z**

☑発音したらチェック

練習

学習日
月　日

※アルファベットの書き順は自安です。
※この本では英語の発音をよく似たカタカナで表しています。
めやすと考え、音声で正しい発音を確かめましょう。

がきトリ 声に出して文字をなぞった後、自分で2回ぐらい書いてみましょう。 **できたらチェック！** 書く 話す

① a

② b

③ c

④ d

⑤ e

⑥ f

⑦ g

⑧ h

⑨ i

⑩ j

⑪ k

⑫ l

⑬ m

⑭ n

⑮ o

⑯ p

⑰ q

⑱ r

⑲ s

⑳ t

㉑ u

㉒ v

㉓ w

㉔ x

㉕ y

㉖ z

ヒント
bとdのように、形の
似ているアルファベッ
トがいくつかあるね。

5

★ 英語を書くときのルール ★

英語を書くときは、日本語とはちがうルールがいくつかあります。
次からのページで英語を書くときは、ここで学ぶことに気をつけましょう。

❶ 単語の中の文字どうしはくっつけて書き、単語どうしははなして書く！

Good morning. I'm Saori.

> Good のように、1文字1文字がはなれないようにしよう。

↑ 単語と単語の間は、少しあけるよ。　　↑ 文と文の間は、1文字程度あけるよ。

❷ 文の最初の文字は大文字で書く！

Good morning.　　　Yes, I do.

× good morning.

> I は文のどこでも大文字だよ。

▶ 以下のような単語は文のどこでも大文字で始めます。

人の名前　　　　　　国名　　　　　　地名
Olivia　　　　Japan　　　　Osaka

❸ 文の終わりにはピリオド（.）をつける！

Nice to meet you.　　　Good idea!

> 強調するときなどに使うエクスクラメーションマーク（!）をつけるときは ピリオドはなくてよいよ。

❹ たずねる文の終わりには、ピリオドのかわりにクエスチョンマーク（?）をつける！

How are you?

× How are you.

❺ 単語の間にはコンマ（,）をつけることがある！

Yes, it is.

> Yes や No のあとにはコンマ（,）を入れるよ。

ものの個数や値段、年れいを表す数字と、日づけなどに使う数字の2通りを知っておきましょう。

▶ **ものの個数や値段、年れいを表す数字**

1 one	2 two	3 three	4 four	5 five
6 six	7 seven	8 eight	9 nine	10 ten
11 eleven	12 twelve	13 thirteen	14 fourteen	15 fifteen
16 sixteen	17 seventeen	18 eighteen	19 nineteen	20 twenty
21 twenty-one	22 twenty-two	23 twenty-three	24 twenty-four	25 twenty-five
26 twenty-six	27 twenty-seven	28 twenty-eight	29 twenty-nine	30 thirty
40 forty	50 fifty	60 sixty	70 seventy	80 eighty
90 ninety	100 one hundred			

（例）　three apples　（3つのりんご）

▶ **日づけを表す数字**

1st first	2nd second	3rd third	4th fourth	5th fifth	6th sixth	7th seventh
8th eighth	9th ninth	10th tenth	11th eleventh	12th twelfth	13th thirteenth	14th fourteenth
15th fifteenth	16th sixteenth	17th seventeenth	18th eighteenth	19th nineteenth	20th twentieth	21st twenty-first
22nd twenty-second	23rd twenty-third	24th twenty-fourth	25th twenty-fifth	26th twenty-sixth	27th twenty-seventh	28th twenty-eighth
29th twenty-ninth	30th thirtieth	31st thirty-first				

（例）　My birthday is April 1st.
　　　（わたしの誕生日は4月1日です。）

Unit 1
こんにちは①

🎯 めあて
あいさつをしたり自分の名前を伝えたりできる。

あいさつ / 自分の名前の伝え方

ききトリ 🎧 音声を聞き、声に出してみましょう。　　🔊 トラック1〜2

ヘロウ
Hello.
こんにちは。

アイム　ヒナタ
I'm Hinata.
わたしはひなたです。

せつめい　**つたえる**　Hello.で、「こんにちは。」とあいさつをすることができます。
I'm 〜.で、「わたしは〜です。」と自分の名前を伝えることができます。「〜」のところに
自分の名前を入れましょう。

ききトリ 🎧 音声を聞き、英語の言葉を言いかえて、文を読んでみましょう。　　🔊 トラック3〜6

Hello.

📷 **ワンポイント**
文の最初の文字は大文字で書き始めるよ。

いいかえよう 🎤　あいさつを表す言葉

□Hi.（やぁ。）

□Goodbye.
（さようなら。）

□See you.
（またね。）

□Let's be friends.
（友だちになりましょう。）

🐾 自分の名前を言うとき

I'm Hinata.

🐶 **ワンポイント**
自分の名前を言う前に"I'm"と言うんだね。
名前の最初の文字は大文字で書くよ。

いいかえよう 🎤　名前を表す言葉

□Leon（レオン）

□Olivia（オリビア）

□Jomo（ジョモ）

これを知ったら
ワンダフル! 🐶
"I'm"は"I am"を短くした形だよ。Iは「わたしは」、"am"は「〜です」という意味だよ。

ぴったり2 練習

かきトリ　英語をなぞり、声に出してみましょう。　できたらチェック！ 書く □ 話す □

□こんにちは。

Hello.

□やあ。

Hi.

ヒント
"friends"の i を書き忘れないように注意しよう。

□さようなら。

Goodbye.

□わたしはひなたです。

I'm Hinata.

□わたしはオリビアです。

I'm Olivia.

□またね。

See you.

□友だちになりましょう。

Let's be friends.

▶ 読み方が分からないときは、左のページにもどって音声を聞いてみましょう。

やりトリ　あいさつと自己しょうかいをしてみましょう。　できたらチェック！ 書く □ 話す □

Hello.
I'm Kenta.

Hi.
I'm ＿＿＿＿＿＿＿ .

つたえるコツ
"I'm" は少し小さく、名前は大きな声ではっきりと言うようにしよう。

▶ あてはまる英語は、左のページや付録の小冊子、辞書などからさがしてみよう！

🎤 答える練習ができたら、次はだれかにあいさつをしてみよう！

ぴったり1 じゅんび

Unit 1
こんにちは②

学習日　　月　　日

めあて
自分の出身を伝えることができる。

出身国の伝え方

きぎトリ 音声を聞き、声に出してみましょう。　🔊 トラック7〜8

アイム　フラム　ヂャパン
I'm from Japan.
わたしは日本出身です。

シンジ

せつめい　つたえる　I'm from ～.で、「わたしは～出身です。」と自分の出身国を伝えることができます。「～」に国の名前を入れましょう。

きぎトリ 音声を聞き、英語の言葉を言いかえて、文を読んでみましょう。　🔊 トラック9〜10

I'm from Japan **.**

いいかえよう　国の名前

□America（アメリカ）

□China（中国）

□India（インド）

□Germany（ドイツ）

□Korea（韓国）

□Australia（オーストラリア）

□Kenya（ケニア）

□Spain（スペイン）

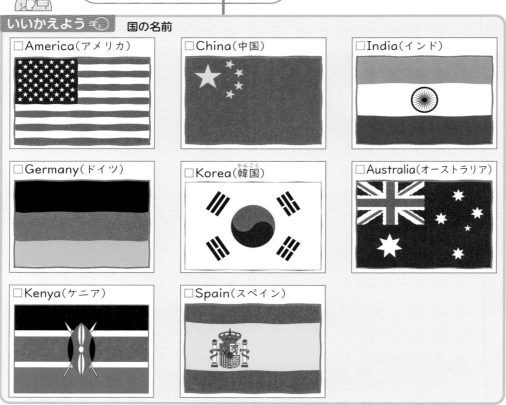

ワンポイント
出身国を言う前に"I'm from"と言うんだね。

これを知ったら
ワンダフル！

"I'm from"のあとには、国の名前だけではなく、"Tokyo（東京）"などの都市の名前も入れることができるよ。

▶ 小冊子のp.4〜5で、もっと言葉や表現を学ぼう！

練習

ぴったりクイズ 答えはこのページの下にあるよ！

焼き物の磁器は中国で生まれたので、英語で"china"と呼ばれているよ。では、うるしぬりの器は何と呼ばれているかな？

かきトリ 英語をなぞり、声に出してみましょう。　　　できたらチェック！ □書く □話す

□日本

Japan

□アメリカ

America

ヒント
国の名前の最初の文字は大文字になるので注意しよう。

□中国

China

□ドイツ

Germany

□オーストラリア

Australia

□スペイン

Spain

□ケニア

Kenya

□韓国

Korea

□インド

India

□わたしは日本出身です。

I'm from Japan.

□わたしはアメリカ出身です。

I'm from America.

▶ 読み方が分からないときは、左のページにもどって音声を聞いてみましょう。

やりトリ 自分の出身国を伝えましょう。　　　できたらチェック！ □書く □話す

Hello. I'm from China.

Hi.
I'm from _____ .

つたえるコツ
"I'm from"のあとの出身国の名前をはっきりと言おう。

▶ あてはまる英語は、左のページや付録の小冊子、辞書などからさがしてみよう！

🔑 答える練習ができたら、次はだれかに話しかけてみよう！

ぴったりクイズの答え うるしぬりは日本の工芸品で、英語で"japan"と呼ばれているよ。

Unit 1
こんにちは

時間 **30** 分

／100

ごうかく **80** 点

答え 2 ページ

---

1 音声を聞き、内容に合う絵を下の㋐〜㋒から選び、（　　）に記号を書きましょう。

🔊 トラック11

技能　1問10点（20点）

㋐　
Jomo

㋑　
Hinata

㋒　
Kenta

（1）（　　　　）　　（2）（　　　　）

---

2 音声を聞き、それぞれの人物の出身国を、線で結びましょう。

🔊 トラック12

技能　1問10点（30点）

（1）　
Emily
•

（2）　
Takeru
•

（3）　
Anita
•

•　
India

•　
Australia

•　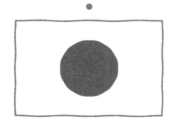
Japan

ふりかえり　**2** が分からないときは、10ページにもどって確認しよう。

3 日本文の意味を表す英語の文になるように、□□□の中から語を選んで□に書き、文全体をなぞりましょう。文の最初の文字は大文字で書きましょう。

1問10点(20点)

(1) わたしはまさしです。

Masashi.

(2) またね。

you.

see　　I'm

4 オリビアが自己しょうかいをしています。日本文の意味を表す英語の文を、□□□の中から選んで□に書きましょう。

思考・判断・表現　1問10点(30点)

Olivia

(1) やあ。

I'm Olivia.

(2) わたしはアメリカ出身です。

(3) 友だちになりましょう。

Let's be friends.　　Hi.　　I'm from America.

ぴったり1 じゅんび

Unit 2
お元気ですか①

◎めあて
相手の気持ちや状態をたずねたり答えたりできる。

相手の気持ちや状態のたずね方 / 答え方

ききトリ 音声を聞き、声に出してみましょう。　🔊 トラック13〜14

ハウ　アー　ユー
How are you?
ごきげんいかがですか。

アイム　ハピィ
I'm happy.
わたしは幸せです。

せつめい

たずねる How are you?で、「ごきげんいかがですか。」や「お元気ですか。」と相手の気持ちや状態をたずねることができます。

こたえる 自分の気持ちや状態を答えるときは、I'm 〜.と答えます。「〜」のところに気持ちや状態を表す言葉を入れましょう。

ききトリ 音声を聞き、英語の言葉を言いかえて、文を読んでみましょう。　🔊 トラック15〜16

 How are you?　**I'm** `happy` **.**

ワンポイント
自分の気持ちや状態を表す言葉を言う前に"I'm"と言うんだね。

いいかえよう 自分の気持ちや状態を表す言葉

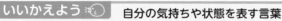

□fine(とても元気で)

□good(元気で)

□sleepy(ねむい)

□hungry(おなかがすいた)

□tired(つかれた)

□sad(悲しい)

ワンダフル！
自分の気持ちや状態を伝えたあとに、"thank you(ありがとう)"とお礼を言ったり、"And you?(あなたはどうですか。)"とたずねたりしたら会話が続くよ。

ぴったり2

練習

学習日 月 日

? ぴったりクイズ 答えはこのページの下にあるよ！

英語では、朝、お母さんが子どもに"sleepyhead"と呼びかけることがあるよ。どういう意味か分かるかな？

かきトリ 英語をなぞり、声に出してみましょう。 できたらチェック！ □書く □話す

○ヒント
"happy"は p が、"good"は o が 2 回続くことに注意しよう。

□幸せな
happy

□元気で
good

□悲しい
sad

□ねむい
sleepy

□おなかがすいた
hungry

□つかれた
tired

□とても元気で
fine

□元気ですか。
How are you?

□わたしは幸せです。
I'm happy.

□わたしはねむいです。
I'm sleepy.

▶読み方が分からないときは、左のページにもどって音声を聞いてみましょう。

やりトリ 自分はどう答えるかを書いて、声に出してみましょう。 できたらチェック！ □書く □話す

How are you?

I'm _____.

つたえるコツ
"I'm"は少し小さく、気持ちや状態を表す言葉ははっきりと言うようにしよう。

▶あてはまる英語は、左のページや付録の小冊子、辞書などからさがしてみよう！

🎤 答える練習ができたら、次はだれかに質問してみよう！

ぴったりクイズの答え "sleepyhead"は「ねぼすけさん」という意味だよ。

15

Unit 2
お元気ですか②

ジェスチャーを使った伝え方 / 別れのあいさつ

 ききトリ 音声を聞き、声に出してみましょう。　🔊 トラック17〜18

グッド
Good!
いいですね！

スィー　ユー　レイタァ
See you later.
あとでね。

せつめい　つたえる　親指を上げながら Good!（いいですね！）と言うと、相手に自分の思いがよく伝わります。See you later.（あとでね。）は相手と別れるときに言うあいさつです。

 ききトリ 音声を聞き、英語の言葉を言いかえて、文を読んでみましょう。　🔊 トラック19〜22

Good!

これを知ったら **ワンダフル！**
"Good."を表す親指を上げるジェスチャーは"thumbs up"と言うよ。"thumbs"は「親指」という意味だよ。

いいかえよう 　ジェスチャーを使った表現

□I don't know.（分かりません。）

□Me?（わたしですか。）

□Give me five.（ハイタッチしよう。）

□Come here.（ここに来て。）

□Good idea!（いい考えだね！）

ワンポイント
イラストのようなジェスチャーをしながら英語を言ってみよう。自分の気持ちや状態が相手によく伝わるよ。

See you later.

いいかえよう 　別れのあいさつ

□Take care!（気をつけて！）

□Goodbye to you.（さようなら。）

□I'll see you again.（また会いましょう。）

❓ぴったりクイズ　答えはこのページの下にあるよ！

"Give me five."の"five"は何を表しているか知っているかな？

かきトリ　英語をなぞり、声に出してみましょう。　　できたらチェック！　書く □　話す □

□ いいですね！

Good!

□ わたしですか。

Me?

ヒント
"know"は最初の k を
書くのを忘れないよ
うにしよう。

□ ここに来て。

Come here.

□ いい考えだね！

Good idea!

□ 分かりません。

I don't know.

□ あとでね。

See you later.

□ 気をつけて！

Take care!

□ また会いましょう。

I'll see you again.

▶ 読み方が分からないときは、左のページにもどって音声を聞いてみましょう。

やりトリ　相手と別れるときのあいさつを伝えてみましょう。　　できたらチェック！　書く □　話す □

Goodbye.

つたえるコツ
手をふりながら笑顔で別れの
あいさつができると、おたが
いにまた会いたくなるね。

▶ あてはめる英語は、左のページや付録の小冊子、辞書などからさがしてみよう！

🎤 答える練習ができたら、次はだれかに話しかけてみよう！

ぴったりクイズの答え　"Give me five."の"five"は「手の指」のことだよ。手の指は5本あるよね。

Unit 2
お元気ですか③

その他のさまざまな表現

 ききトリ 音声を聞き、声に出してみましょう。　🔊 トラック23〜24

> イッツ　タイム　トゥー　ゴウ
> **It's time to go.**
> もう行く時間です。

せつめい つたえる It's time to go.で、「もう行く時間です。」と相手に伝えることができます。

 ききトリ 音声を聞き、英語の言葉を言いかえて、文を読んでみましょう。　🔊 トラック25〜26

> **It's time to go.**

これを知ったら **ワンダフル！**
時間のことを言うときは"It's 〜."と言うことが多いよ。

いいかえよう さそったりたずねたりするさまざまな表現

☐Let's have lunch.（昼食を食べましょう。）

☐Here you are.（はい、どうぞ。）

☐Where is Takeru?（たけるはどこですか。）

☐Please ask Sayo.（さよにたずねてください。）

☐Are you OK?（だいじょうぶですか。）

ワンポイント
"Let's 〜."は「〜しよう。」とさそうときに、"Please 〜."は「〜してください。」とていねいにたのむときに言うよ。
"Where is 〜?"は「〜はどこですか。」と場所をたずねることができるよ。

ぴったり 2
練習

かきトリ　英語をなぞり、声に出してみましょう。　できたらチェック！ 書く 話す

□ もう行く時間です。

It's time to go.

●ヒント
相手にたずねるときは、文の終わりに"？"を書こう。

□ たけるはどこですか。

Where is Takeru?

□ 昼食を食べましょう。

Let's have lunch.

□ はい、どうぞ。

Here you are.

□ さよにたずねてください。

Please ask Sayo.

□ だいじょうぶですか。

Are you OK?

▶ 読み方が分からないときは、左のページにもどって音声を聞いてみましょう。

やりトリ　相手にもう行く時間だと伝えてみましょう。　できたらチェック！ 書く 話す

Goodbye.

See you. Take care!

つたえるコツ
"It's"は少し小さく、あとの言葉ははっきりと言ってみよう。

▶ あてはめる英語は、左のページや付録の小冊子、辞書などからさがしてみよう。

🔎 伝える練習ができたら、次はだれかと話してみよう！

ぴったりクイズの答え　英語で夕食は"dinner"と言うよ。

時間 30 分
／100
ごうかく 80 点

答え 3ページ

1 音声を聞き、内容に合う絵を下の㋐〜㋒から選び、（　　）に記号を書きましょう。

トラック27

技能　1問10点(20点)

㋐
㋑
㋒

(1) (　　　　)　(2) (　　　　)

2 音声を聞き、それぞれの人物の気持ちや状態を、線で結びましょう。

トラック28

技能　1問10点(30点)

(1)　　　　　　　　　(2)　　　　　　　　　(3)

Akari　　　　　　Robert　　　　　Olivia

・　　　　　　　　・　　　　　　　　・

・　　　　　　　　・　　　　　　　　・

ふりかえり　❷が分からないときは、14ページにもどって確認しよう。

20

3 日本文の意味を表す英語の文になるように、　　　　の中から語を選んで　　　に書き、文全体をなぞりましょう。文の最初の文字は大文字で書きましょう。

1問10点（20点）

(1) お元気ですか。

are you?

(2) もう行く時間です。

It's ___ to go.

how　　　time

4 たくの質問にエミリーとさよが答えています。日本文の意味を表す英語の文を、　　　　の中から選んで　　　に書きましょう。

思考・判断・表現　1問10点（30点）

Taku (1) けんたはどこですか。

Emily (2) 分かりません。

Sayo (3) みかにたずねてください。

I don't know.　　　Please ask Mika.

Where is Kenta?

21

ぴったり1
じゅんび

Unit 3
いくつですか①

学習日
月　　日

めあて
数を答えることができる。

数の答え方

きぎトリ　音声を聞き、声に出してみましょう。　🔊 トラック29〜30

> ハウ　メニィ　アプルズ
> **How many apples?**
> リンゴはいくつありますか。

> テン
> **Ten.**
> 10個です。

せつめい
たずねる　How many apples?で、「リンゴはいくつありますか。」とたずねることができます。
こたえる　数をたずねられて答えるときは、Ten.（10個です。）のように数を表す言葉で答えます。

きぎトリ　音声を聞き、英語の言葉を言いかえて、文を読んでみましょう。　🔊 トラック31〜32

How many apples?

Ten.

ワンポイント
数をたずねられたら、数を表す言葉で答えよう。

いいかえよう　数を表す言葉

□one（1）

□two（2）

□three（3）

□four（4）

□five（5）

□six（6）

□seven（7）

□eight（8）
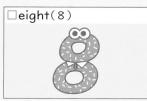

□nine（9）

これを知ったら
ワンダフル！
数を表す言葉を使って、年れいを伝えることもできるよ。

練習

ぴったりクイズ 答えはこのページの下にあるよ！

「ティーンエイジャー」は何さいくらいの人のことを表すか知っているかな？

かきトリ 英語をなぞり、声に出してみましょう。

できたらチェック！ 書く 話す

ヒント
"eight"の gh を書き忘れないように注意しよう。

□1
one

□2
two

□3
three

□4
four

□5
five

□6
six

□7
seven

□8
eight

□9
nine

□10
ten

□リンゴはいくつありますか。
How many apples?

□10個です。
Ten.

▶読み方が分からないときは、左のページにもどって音声を聞いてみましょう。

やりトリ 自分はどう答えるかを書いて、声に出してみましょう。

できたらチェック！ 書く 話す

How many apples?

つたえるコツ
数をたずねられて答えるときは、数を表す言葉だけで答えることができるよ。

▶あてはめる英語は、左のページや付録の小冊子、辞書などからさがしてみよう！

🎤答える練習ができたら、次はだれかに質問してみよう！

ぴったりクイズの答え "thirteen(13)"のように、最後に-teenがつく13〜19さいの人のことだよ。

Unit 3
いくつですか②

◎めあて
ものの数をたずねること
ができる。

数のたずね方

🎧 **ききトリ** 音声を聞き、声に出してみましょう。　　🔊 トラック33～34

ハウ　　メニィ　　ボールズ
How many balls?
ボールはいくつありますか。

スリー　　　ボールズ
Three balls.
ボールは3個あります。

せつめい

たずねる How many 〜？で、「〜はいくつありますか。」と数をたずねることができます。「〜」には身の回りにあるものなどを表す言葉を入れましょう。

こたえる 数を答えるときは、Three.（3個あります。）やThree balls.（ボールは3個あります。）などと答えましょう。

🎧 **ききトリ** 音声を聞き、英語の言葉を言いかえて、文を読んでみましょう。　　🔊 トラック35～36

How many balls ?

いいかえよう 🗣 身の回りにあるものや形を表す言葉

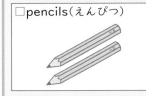
☐pencils（えんぴつ）

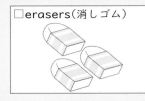
☐erasers（消しゴム）

☐crayons（クレヨン）

☐apples（リンゴ）

☐strawberries（イチゴ）

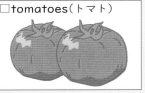
☐tomatoes（トマト）

☐circles（丸）

☐triangles（三角）

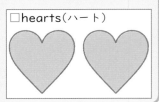
☐hearts（ハート）

これを知ったら
ワンダフル！
数をたずねるときは
"how many"を使うん
だね。

ワンポイント
"how many"のあとに
続く言葉は、2つ以上
（複数）を表す形だよ。

Three balls.

 ▶小冊子のp.6～7で、もっと言葉や表現を学ぼう！

練習

❓ぴったりクイズ 答えはこのページの下にあるよ！

"triangle(三角)"と同じtri-で始まる言葉に"trio(3人組)"や"triathlon(トライアスロン)"があるよ。tri-はどんな意味かな？

かきトリ 英語をなぞり、声に出してみましょう。　できたらチェック！ ▶ 書く □ 話す □

💡**ヒント**
"strawberries"の最後のiesのつづりに注意しよう。

□ ボール

balls

□ トマト

tomatoes

□ えんぴつ

pencils

□ 丸

circles

□ 三角

triangles

□ 消しゴム

erasers

□ クレヨン

crayons

□ リンゴ

apples

□ イチゴ

strawberries

□ ボールはいくつありますか。

How many balls?

□ ボールは3個あります。

Three balls.

▶ 読み方が分からないときは、左のページにもどって音声を聞いてみましょう。

やりトリ 相手にものの数をたずねてみましょう。　できたらチェック！ ▶ 書く □ 話す □

How many ⬚⬚⬚⬚⬚⬚ ?

Eight.

🍊**つたえるコツ**
"How many 〜?"の文では、文の終わりを下げて言おう。

▶ あてはめる英語は、左のページや付録の小冊子、辞書などからさがしてみよう！

🎤 たずねる練習ができたら、次はだれかの質問に答えてみよう！

ぴったりクイズの答え "triangle"のtri-は「3」を表すよ。

ぴったり3
たしかめのテスト

Unit 3
いくつですか

時間 30 分

／100

ごうかく 80 点

答え　4ページ

1 音声を聞き、内容に合う絵を下の㋐〜㋒から選び、（　　）に記号を書きましょう。

トラック37

技能　1問10点（20点）

㋐　㋑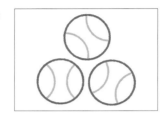　㋒

(1) （　　　　）　(2) （　　　　　）

2 音声を聞き、読まれた数を表す言葉になるように、□□□にアルファベット1文字を書き、数を表す言葉をなぞって完成させましょう。

トラック38

技能　1問10点（30点）

(1)

fou

(2)

se　　　en

(3)

ei　　　ht

ふりかえり　❷が分からないときは、22ページにもどって確認しよう。

この本の終わりにある 『夏のチャレンジテスト』 をやってみよう！

3 日本文の意味を表す英語の文になるように、 ┈┈┈ の中から語を選んで ▭ に書き、文全体をなぞりましょう。文の最初の文字は大文字で書きましょう。

1問10点（20点）

(1) 丸はいくつありますか。

How ▭ circles?

(2) ((1)に答えて)丸は9つあります。

▭ circles.

> nine　　many

4 グレアムが次の3つのイラストについて質問しています。質問に対する答えの英語の文を、┈┈┈ の中から選んで ▭ に書きましょう。

思考・判断・表現　1問10点（30点）

(1) How many pencils?

(2) How many erasers?

Graham

(3) How many strawberries?

> Two.　　Six.　　Three.

ぴったり① じゅんび

Unit 4
青が好きです①

学習日 月 日

◎ めあて
好きなものを伝えることができる。

好きなものの伝え方

ききトリ 音声を聞き、声に出してみましょう。　🔊 トラック39〜40

アイ ライク レッド
I like red.
わたしは赤が好きです。

せつめい　**つたえる**　I like ～.で、「わたしは～が好きです。」と自分が好きなものを伝えることができます。「～」に、自分が好きな色やスポーツなどを表す言葉を入れましょう。

ききトリ 音声を聞き、英語の言葉を言いかえて、文を読んでみましょう。　🔊 トラック41〜42

I like red .

いいかえよう 色を表す言葉

□blue（青）

□yellow（黄色）

□green（緑）

□pink（ピンク）

□orange（オレンジ色）

□brown（茶色）

□white（白）

□purple（むらさき）

□black（黒）

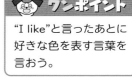
ワンポイント
"I like"と言ったあとに好きな色を表す言葉を言おう。

これを知ったら ワンダフル！
"like"は「～が好きだ」という意味だよ。英語では、"I（わたしは）"→"like（～が好きだ）"→"red（赤）"という順番で言うんだね。

28

学習日　月　日

ぴったりクイズ　答えはこのページの下にあるよ！

日本では信号は、赤、青、黄だね。英語でも"red(赤)"、"blue(青)"、"yellow(黄)"でいいのかな？

かきトリ　英語をなぞり、声に出してみましょう。　　できたらチェック！ 書く 話す □ □

●ヒント
"blue"の最後の e を忘れないように注意しよう。

□青
blue

□赤
red

□黄色
yellow

□緑
green

□ピンク
pink

□むらさき
purple

□白
white

□黒
black

□オレンジ色
orange

□わたしは白が好きです。
I like white.

□わたしは茶色が好きです。
I like brown.

▶読み方が分からないときは、左のページにもどって音声を聞いてみましょう。

やりトリ　自分の好きな色を伝えましょう。　　できたらチェック！ 書く 話す □ □

I like ＿＿＿＿＿＿＿＿＿＿＿ .

つたえるコツ
"like"と好きなものを表す言葉を大きな声ではっきりと言おう。

▶あてはめる英語は、左のページや付録の小冊子、辞書などからさがしてみよう！

🎤伝える練習ができたら、次はだれかと話してみよう！

ぴったりクイズの答え　英語では"red"、"green(緑)"、"yellow"だよ。青信号は"green"で表すよ。

ぴったり① じゅんび

Unit 4
青が好きです②

学習日　月　日

◎めあて
好きではないものを伝えることができる。

好きではないものの伝え方

🎧 ききトリ　音声を聞き、声に出してみましょう。　🔊 トラック43〜44

アイ　ドゥント　ライク　グリーン　ペパァズ
I don't like green peppers.
わたしはピーマンが好きではありません。

せつめい　つたえる　I don't like 〜.で、「わたしは〜が好きではありません。」と自分が好きではないものを伝えることができます。「〜」に、自分が好きではないものを表す言葉を入れましょう。

🎧 ききトリ　音声を聞き、英語の言葉を言いかえて、文を読んでみましょう。　🔊 トラック45〜46

I don't like green peppers .

いいかえよう　食べものや飲みものを表す言葉

☐ice cream
（アイスクリーム）

☐pudding（プリン）

☐onions（タマネギ）

☐carrots（ニンジン）

☐milk（牛乳）

☐orange juice
（オレンジジュース）

ワンポイント

"I don't like"のあとに好きではないものを言ってみよう。"like"のあとは色やスポーツのほかにも、食べものや飲みもの、教科を表す言葉を言ってもいいよ。

これを知ったら
ワンダフル！

好きなものを伝えるときは、"I like 〜."と言ったけれど、好きではないものを伝えるときは、"I"と"like"の間に"don't"を入れるんだね。

▶ 小冊子のp.6〜9で、もっと言葉や表現を学ぼう！

30

？ ぴったりクイズ　答えはこのページの下にあるよ！

"green pepper"は「ピーマン」だね。それでは、"red pepper"は何かな？

がきトリ　英語をなぞり、声に出してみましょう。

できたらチェック！　書く □　話す □

□プリン

pudding

□牛乳

milk

ヒント
"carrot"はrが2回続くことに注意しよう。

□ニンジン

carrots

□アイスクリーム

ice cream

□タマネギ

onions

□ピーマン

green peppers

□オレンジジュース

orange juice

□わたしはピーマンが好きではありません。

I don't like green peppers.

□わたしは牛乳が好きではありません。

I don't like milk.

▶読み方が分からないときは、左のページにもどって音声を聞いてみましょう。

やりトリ　自分の好きではないものを伝えましょう。

できたらチェック！　書く □　話す □

I don't like _____ .

つたえるコツ
"don't"を少し大きく言うと、「好きではない」ということがよく伝わるよ。

▶あてはめる英語は、左のページや付録の小冊子、辞書などからさがしてみよう！

🎤 伝える練習ができたら、次はだれかと話してみよう！

ぴったりクイズの答え　"red pepper"は「とうがらし」だよ。とうがらしは赤い色をしているね。

時間 **30** 分

／100

ごうかく **80** 点

答え 5 ページ

1 音声を聞き、内容に合う絵を下の⑦〜⑦から選び、（　）に記号を書きましょう。

トラック47

技能 1問10点(20点)

⑦

④

⑦

(1) （　　　）　　(2) （　　　）

2 音声を聞き、それぞれの人物が好きなものを、線で結びましょう。 トラック48

技能 1問10点(30点)

(1)　　　　　　　　(2)　　　　　　　　(3)

Aiko
•

Takeru
•

Emily
•

•　　　　　　　　•　　　　　　　　•

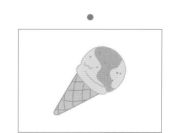

ふりかえり ❶が分からないときは、28ページと30ページにもどって確認しよう。

Learning Day

月　　　日

③ 日本文の意味を表す英語の文になるように、　　　の中から語を選んで　　　に書き、文全体をなぞりましょう。

1問10点（20点）

（1）わたしはピーマンが好きです。

I 　　　　 green peppers.

（2）わたしはピンクが好きではありません。

I 　　　　 like pink.

　　　don't　　　like

④ オリビアが自己しょうかいで、好きなものと好きではないものを話しています。日本文の意味を表す英語の文を、　　　の中から選んで　　　に書きましょう。

思考・判断・表現　1問10点（30点）

Olivia

（1）わたしはニンジンが好きです。

（2）わたしは牛乳が好きです。

（3）わたしは黄色が好きではありません。

　　I like milk.　　　I don't like yellow.

　　I like carrots.

33

ぴったり **1**
じゅんび
Unit 4
青が好きです③
学習日　　月　　日

◎めあて
好きなものをたずねたり
答えたりできる。

好きなもののたずね方 / 答え方

ききトリ 音声を聞き、声に出してみましょう。　🔊 トラック49〜50

ドゥ　ユー　ライク　テニス
Do you like tennis?
あなたはテニスが好きですか。

イェス　アイ　ドゥー
Yes, I do.
はい、好きです。

ノウ　アイ　ドゥント
No, I don't.
いいえ、好きではありません。

せつめい

たずねる Do you like 〜?で、「あなたは〜が好きですか。」と相手に好きなものをたずねることができます。「〜」に、スポーツや色、食べものなどを表す言葉を入れましょう。

こたえる 「はい、好きです。」と答えるときは、Yes, I do.と言います。「いいえ、好きではありません。」と答えるときは、No, I don't.と言います。

ききトリ 音声を聞き、英語の言葉を言いかえて、文を読んでみましょう。　🔊 トラック51〜52

Do you like tennis ?

いいかえよう スポーツを表す言葉

□soccer（サッカー）

□baseball（野球）

□basketball（バスケットボール）

□dodgeball（ドッジボール）

□swimming（水泳）

これを知ったら ワンダフル！

好きかどうかたずねたいものを言う前に、"Do you like"と言うんだね。
文の終わりに"?"（クエスチョンマーク）をつけるんだよ。

🐾「はい」と答えるとき

Yes, I do.

🐾「いいえ」と答えるとき

No, I don't.

ワンポイント

答える文では"you（あなた）"ではなく"I（わたし）"が使われているね。"No, I don't."の"don't"は、「わたしは〜が好きではありません。」と言うときにも使ったね。

 小冊子のp.10〜11で、もっと言葉や表現を学ぼう！

練習

 ぴったりクイズ　答えはこのページの下にあるよ！

"basketball(バスケットボール)"の"basket"の意味を知っているかな？

かきトリ　英語をなぞり、声に出してみましょう。

できたらチェック！ 書く □ 話す □

●ヒント
"baseball"や"basketball"は"ball"の前をあけないように注意しよう。

□サッカー

soccer

□野球

baseball

□バスケットボール

basketball

□水泳

swimming

□あなたはテニスが好きですか。

Do you like tennis?

□あなたはドッジボールが好きですか。

Do you like dodgeball?

□はい、好きです。

Yes, I do.

□いいえ、好きではありません。

No, I don't.

▶ 読み方が分からないときは、左のページにもどって音声を聞いてみましょう。

やりトリ 　相手に好きなものをたずねましょう。

できたらチェック！ 書く □ 話す □

 Do you like ＿＿＿＿＿＿＿？

つたえるコツ
"Do you like 〜?"とたずねる文では、文の終わりを上げて言おう。答えるときは、"Yes"か"No"かをはっきり言おう。

Yes, I do. / No, I don't.

▶ あてはめる英語は、左のページや付録の小冊子、辞書などからさがしてみよう！

🔎 たずねる練習ができたら、次はだれかの質問に答えてみよう！

ぴったりクイズの答え　"basket"は「かご」という意味だよ。

35

Unit 4−②
青が好きです

答え 6ページ

1 音声を聞き、内容に合う絵を下の⑦〜⑨から選び、（　　）に記号を書きましょう。

🔊 トラック53

技能　1問10点（20点）

⑦

⑦

⑨

(1) （　　　　）　(2) （　　　　　）

2 音声を聞き、それぞれの人物が好きなスポーツを、線で結びましょう。　🔊 トラック54

技能　1問10点（30点）

(1)

Olivia
•

(2)

Robert
•

(3)

Miki
•

•

•

•

ふりかえり ❷が分からないときは、34ページにもどって確認しよう。

3 日本文の意味を表す英語の文になるように、□の中から語を選んで□に書き、文全体をなぞりましょう。文の最初の文字は大文字で書きましょう。

1問10点(20点)

(1) あなたは白が好きですか。

you like white?

(2) ((1)に答えて)はい、好きです。

, I do.

do　　　yes

4 ブラウン先生がさよに話しかけています。日本文の意味を表す英語の文を、□の中から選んで□に書きましょう。

思考・判断・表現　1問10点(30点)

Mr. Brown

(1) あなたは野球が好きですか。

Sayo

(2) いいえ、好きではありません。

(3) わたしはバスケットボールが好きです。

No, I don't.　　　I like basketball.

Do you like baseball?

ぴったり 1 じゅんび

Unit 5
何が好きですか①

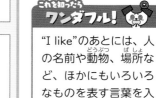

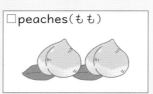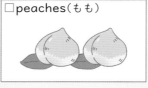

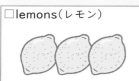

めあて
「何が好きですか。」とたずねたり答えたりできる。

好きなもののたずね方 / 答え方

ききトリ 音声を聞き、声に出してみましょう。　🔊 トラック55〜56

（フ）**ワット　ドゥ　ユー　ライク**
What do you like?
あなたは何が好きですか。

アイ　ライク　テニス
I like tennis.
わたしはテニスが好きです。

せつめい

たずねる What do you like?で、「あなたは何が好きですか。」と相手が好きなものが何かをたずねることができます。Whatは「何」という意味です。

こたえる I like 〜.（わたしは〜が好きです。）で好きなものを答えましょう。

ききトリ 音声を聞き、英語の言葉を言いかえて、文を読んでみましょう。　🔊 トラック57〜58

What do you like?　**I like tennis.**

いいかえよう 好きなものを表す言葉（スポーツ・食べもの・くだもの）

☐soccer（サッカー）　☐baseball（野球）　☐basketball（バスケットボール）

☐pizza（ピザ）　☐spaghetti（スパゲッティ）　☐cake（ケーキ）

☐grapes（ぶどう）　☐bananas（バナナ）　☐peaches（もも）

☐lemons（レモン）　☐kiwi fruits（キウイ）　☐melons（メロン）

ワンポイント
"What do you like?"とたずねられたら、"I like 〜."で好きなものは何かを答えよう。

これを知ったら ワンダフル！
"I like"のあとには、人の名前や動物、場所など、ほかにもいろいろなものを表す言葉を入れることができるよ。

▶ 小冊子のp.6〜11で、もっと言葉や表現を学ぼう！

ぴったり2 練習

学習日 　月　日

? ぴったりクイズ　答えはこのページの下にあるよ！

"melon(メロン)"の前に"water(水)"がついた"watermelon"は何のくだものかな？

かきトリ　英語をなぞり、声に出してみましょう。　　できたらチェック！ 書く 話す □ □

□テニス

tennis

□ぶどう

grapes

●ヒント
"spaghetti"はhを書くのを
忘れないようにしよう。

□レモン

lemons

□ケーキ

cake

□ピザ

pizza

□もも

peaches

□メロン

melons

□スパゲッティ

spaghetti

□キウイ

kiwi fruits

□あなたは何が好きですか。

What do you like?

□わたしはサッカーが好きです。

I like soccer.

▶ 読み方が分からないときは、左のページにもどって音声を聞いてみましょう。

やりトリ　自分はどう答えるかを書いて、声に出してみましょう。　　できたらチェック！ 書く 話す □ □

What do you like?

I like ＿＿＿＿＿＿＿＿＿ .

つたえるコツ
"I like"は少し小さく、好きな
ものを表す言葉ははっきりと
言うようにしよう。

▶ あてはめる英語は、左のページや付録の小冊子、辞書などからさがしてみよう！

🎤 答える練習ができたら、次はだれかに質問してみよう！

ぴったりクイズの答え　"watermelon"は「すいか」のことだよ。

39

ぴったり 1 じゅんび

Unit 5
何が好きですか②

めあて
「何の〜が好きですか。」
とたずねることができる。

「何の〜が好きですか。」というたずね方

ききトリ　音声を聞き、声に出してみましょう。　🔊 トラック59〜60

（フ）**ワット**　スポート　ドゥ　**ユー**　ライク
What sport do you like?
あなたは何のスポーツが好きですか。

せつめい　**たずねる**　What 〜 do you like? で、「あなたは何の〜が好きですか。」とたずねることができます。「〜」には、sport(スポーツ)、color(色)、food(食べもの)などが入ります。

ききトリ　音声を聞き、英語の言葉を言いかえて、文を読んでみましょう。　🔊 トラック61〜62

What sport do you like?

ワンポイント
"What"と"do"の間には「スポーツ」や「食べもの」などのジャンルを表す言葉が入るよ。

いいかえよう　ジャンルを表す言葉

□color(色)

□food(食べもの)

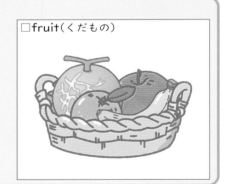
□fruit(くだもの)

これを知ったら ワンダフル!
〈What＋ジャンルを表す言葉〉がひとまとまりになっていると考えよう。"What do you like?(あなたは何が好きですか。)"と順番が似ているね。

? ぴったりクイズ 答えはこのページの下にあるよ！

英語では、にじの色を "ROY　G　BIV（ロイジービブ）" という言葉で覚えるよ。何のことか分かるかな？

かきトリ 英語をなぞり、声に出してみましょう。 できたらチェック！ 書く □ 話す □

□色

color

□スポーツ

sport

● ヒント

"color" は o が 2 つ出てくるね。a と書かないように注意しよう。

□食べもの

food

□くだもの

fruit

□あなたは何のスポーツが好きですか。

What sport do you like?

□あなたは何の色が好きですか。

What color do you like?

□あなたは何のくだものが好きですか。

What fruit do you like?

□あなたは何の食べものが好きですか。

What food do you like?

▶読み方が分からないときは、左のページにもどって音声を聞いてみましょう。

やりトリ 自分は何をたずねるかを書いて、声に出してみましょう。 できたらチェック！ 書く □ 話す □

What ＿＿＿＿＿ do you like?

つたえるコツ

"What 〜?" でたずねる文では、文の終わりを下げて言おう。"What" のあとの言葉を大きく言うと、伝わりやすいよ。

▶あてはめる英語は、左のページや付録の小冊子、辞書などからさがしてみよう！

🎤たずねる練習ができたら、次はだれかの質問に答えてみよう！

ぴったりクイズの答え "Red"、"Orange"、"Yellow"、"Green"、"Blue"、"Indigo（あい色）"、"Violet（むらさき）" のはじめの文字を並べた言葉だよ。

Unit 5
何が好きですか③

めあて
「何の〜が好きですか。」
に答えることができる。

「何の〜が好きですか。」への答え方

きさトリ　音声を聞き、声に出してみましょう。　🔊 トラック63〜64

アイ ライク　サ(ー)カァ
I like soccer.
わたしはサッカーが好きです。

せつめい　こたえる　**What 〜 do you like?**（あなたは何の〜が好きですか。）とたずねられたら、**I like 〜.**（わたしは〜が好きです。）で好きなものを答えます。I likeのあとの「〜」には、たずねられたものに合う言葉を入れましょう。

きさトリ　音声を聞き、英語の言葉を言いかえて、文を読んでみましょう。　🔊 トラック65〜66

🐾 What sport do you like?（あなたは何のスポーツが好きですか。）とたずねられたとき

 What sport do you like?　**I like soccer .**

いいかえよう　スポーツを表す言葉

□table tennis（たっきゅう）

□volleyball（バレーボール）

□swimming（水泳）

ワンポイント
「わたしは〜が好きです。」と言うときは、好きなものを表す言葉の前に、"I like"と言うんだったね。

🐾 What food do you like?（あなたは何の食べものが好きですか。）とたずねられたとき

 What food do you like?　**I like hamburgers .**

いいかえよう　食べものを表す言葉

□steak（ステーキ）

□salad（サラダ）

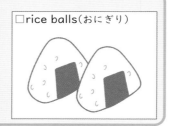
□rice balls（おにぎり）

これを知ったら
ワンダフル！

"What do you like?"と"What 〜 do you like?"のどちらに答えるときも"I like 〜."と言うんだね。

 ▶ 小冊子のp.6〜11で、もっと言葉や表現を学ぼう！

？ぴったりクイズ 答えはこのページの下にあるよ！

"rice（お米）"の入った言葉の"rice ball"は「おにぎり」だけど、"rice cake"はどんな食べものか知っているかな？

がきトリ 英語をなぞり、声に出してみましょう。

できたらチェック！ 書く 話す □ □

●ヒント
"swimming"はmが2回続くことに注意しよう。

□ステーキ

steak

□水泳

swimming

□サラダ

salad

□バレーボール

volleyball

□ハンバーガー

hamburgers

□おにぎり

rice balls

□たっきゅう

table tennis

□わたしは水泳が好きです。

I like swimming.

□わたしはハンバーガーが好きです。

I like hamburgers.

▶ 読み方が分からないときは、左のページにもどって音声を聞いてみましょう。

やりトリ あなたならどう答えるかを書いて、声に出してみましょう。

できたらチェック！ 書く 話す □ □

What food do you like?

I like _____ .

つたえるコツ
"I like"は少し小さく、あとの言葉ははっきりと言ってみよう。

▶ あてはめる英語は、左のページや付録の小冊子、辞書などからさがしてみよう！

🎤 答える練習ができたら、次はだれかに質問してみよう！

ぴったりクイズの答え "rice cake"は「おもち」のことだよ。

43

ぴったり③ たしかめのテスト

Unit 5
何が好きですか

時間 **30** 分

／100

ごうかく **80** 点

答え　7ページ

1 音声を聞き、内容に合う絵を下の㋐〜㋒から選び、（　　　）に記号を書きましょう。

トラック67

技能　1問10点（20点）

㋐ 　　㋑ 　　㋒

(1) （　　　　　）　　(2) （　　　　　）

2 音声を聞き、それぞれの人物が好きなものを、線で結びましょう。

トラック68

技能　1問10点（30点）

(1)　　　　　　　　(2)　　　　　　　　(3)

Kenta　　　　　　　Olivia　　　　　　　Yoko

・　　　　　　　　・　　　　　　　　・

・　　　　　　　　・　　　　　　　　・

ふりかえり　❶が分からないときは、38ページにもどって確認しよう。

3 日本文の意味を表す英語の文になるように、 .... の中から語を選んで □ に書き、文全体をなぞりましょう。文の最初の文字は大文字で書きましょう。

1問10点（20点）

（1）あなたは何が好きですか。

do you ?

（2）あなたは何のくだものが好きですか。

What do you like?

```
fruit    what    like
```

4 エミリーが3つの質問に答えています。それぞれの答えの文に合う質問文を、 .... の中から選んで □ に書きましょう。

思考・判断・表現　1問10点（30点）

Emily

（1）

— I like *sushi*.

（2）

— I like basketball.

（3）

— I like red.

```
What sport do you like?        What food do you like?

        What color do you like?
```

Unit 6
アルファベット①

めあて　アルファベットが分かる。

アルファベット

 音声を聞き、声に出してみましょう。　トラック69〜70

> キャン　ユー　スィー　エニィ　レタァズ　アヴ　ズィ　アルファベット
> **Can you see any letters of the alphabet?**
> あなたはアルファベットの文字が見えますか。

エイ
A.
Aが見えます。

せつめい　英語では、アルファベットという文字を使います。全部で26文字で、それぞれ大文字と小文字があります。ここでは、大文字について練習しましょう。

 アルファベットの音声を聞き、アルファベットを言いかえて文を読んでみましょう。　トラック71〜72

> **Can you see any letters of the alphabet?**

A.

いいかえよう　アルファベットの大文字

□B □C □D □E □F □G □H
□I □J □K □L □M □N □O
□P □Q □R □S □T □U □V
□W □X □Y □Z

ワンポイント
アルファベットは声を出しながら、"A"から順番に覚えよう。

ワンダフル！
人の名前や地名、月や曜日を表す言葉の最初の文字は必ず大文字で書くよ。文の最初の文字も大文字だよ。

練習

❓ぴったりクイズ　答えはこのページの下にあるよ！

アルファベット26文字の中で、英単語でいちばんたくさん使われている文字は何だと思う？

かきトリ　英語をなぞり、声に出してみましょう。　できたらチェック！　書く　話す □ □

☐ apple

☐ banana

💡ヒント
"apple" の p、"egg" の g、"yellow"の l、は2回書くのを忘れないように注意しよう。

☐ egg

☐ ink

☐ jet

☐ king

☐ lemon

☐ melon

☐ queen

☐ red

☐ six

☐ tomato

☐ yellow

☐あなたはアルファベットの文字が見えますか。

Can you see any letters of the alphabet?

▶ 読み方が分からないときは、左のページにもどって音声を聞いてみましょう。

やりトリ　自分の名前に入っているアルファベットを1文字答えて、声に出してみましょう。　できたらチェック！　書く　話す □ □

Can you see any letters of the alphabet?

💬つたえるコツ
アルファベットはどれも最初の音を大きくはっきりと言うようにしよう。

▶あてはめる英語は、左のページや付録の小冊子、辞書などからさがしてみよう！

🎤答える練習ができたら、次はだれかに質問してみよう！

ぴったりクイズの答え　いちばんたくさん使われているのは"E"だと言われているよ。

ぴったり① じゅんび

Unit 6
アルファベット②

めあて
相手にていねいにたのむ
ことができる。

ていねいなたのみ方

ききトリ 音声を聞き、声に出してみましょう。　🔊 トラック73〜74

ズィ　エイ　カード　　プリーズ
The A card, please.
Aのカードをお願いします。

ヒア　ユー　アー
Here you are.
はい、どうぞ。

せつめい **つたえる** 〜, please.で、「〜をお願いします。」と相手にていねいにたのむことができます。「〜」
に、たのみたいものを表す言葉を入れましょう。

相手にものをわたすときは、Here you are.(はい、どうぞ。)と言います。

ききトリ 音声を聞き、英語の言葉を言いかえて、文を読んでみましょう。　🔊 トラック75〜76

The A card , please.

ワンポイント
ていねいにたのむときは、最後に"please"をつけて言う
んだね。

いいかえよう 身の回りのものを表す言葉

□book(本)

□hat(ぼうし)

□fish(魚)
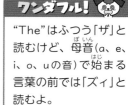

□umbrella(かさ)

□notebook(ノート)

□watch(うで時計)

□violin(バイオリン)

□box(箱)

これを知ったら ワンダフル!
"The"はふつう「ザ」と
読むけど、母音(a、e、
i、o、uの音)で始まる
言葉の前では「ズィ」と
読むよ。

これを知ったら ワンダフル!
相手がわたしてくれた
ら、"Thank you.(あり
がとう。)"とお礼を言う
よ。

Here you are.

学習日　　　月　　　日

ぴったりクイズ　答えはこのページの下にあるよ！

"box"は「箱」だったね。では、"lunchbox"は何か分かるかな？

かきトリ　英語をなぞり、声に出してみましょう。　　できたらチェック！　書く □ 話す □

□箱

box

□魚

fish

ヒント
"please"の前に","を入れる
のを忘れないようにしよう。

□本

book

□ぼうし

hat

□うで時計

watch

□バイオリン

violin

□かさ

umbrella

□ノート

notebook

□Cのカードをお願いします。

The C card, please.

□はい、どうぞ。

Here you are.

▶読み方が分からないときは、左のページにもどって音声を聞いてみましょう。

やりトリ　自分がたのみたいものを書いて、声に出してみましょう。　　できたらチェック！　書く □ 話す □

　The ＿＿＿＿＿＿, please.

　Here you are.

つたえるコツ
最初の"The"のあとの、た
のみたいものをはっきりと大
きな声で言おう。

▶あてはめる英語は、左のページや付録の小冊子、辞書などからさがしてみよう！

🔑伝える練習ができたら、次はだれかと話してみよう！

ぴったりクイズの答え　"lunchbox"は「弁当箱」のことだよ。

時間 **30**分

／100

ごうかく **80**点

答え　8 ページ

1 音声を聞き、内容に合うアルファベットを下の㋐〜㋒から選び、（　　）に記号を書きましょう。

トラック77

技能　1問10点（20点）

㋐　　　　　　　　　㋑　　　　　　　　　㋒

D　　　　　　　B　　　　　　　H

(1)（　　　　　）　(2)（　　　　　）

2 音声を聞き、それぞれの人物の名前になるように、□にアルファベットの大文字を1字書き、名前をなぞって完成させましょう。

トラック78

技能　1問10点（30点）

(1)

トム

(2)

メアリー

(3)

アレックス

ふりかえり　❷が分からないときは、46ページにもどって確認しよう。

3 日本文の意味を表す英語の文になるように、　　　の中から語を選んで　　　に書き、文全体をなぞりましょう。文の最初の文字は大文字で書きましょう。

1問10点（20点）

(1) Aのカードをお願いします。

The A card, ＿＿＿＿＿＿ .

(2) はい、どうぞ。

＿＿＿＿＿ you are.

| please | here |

この本の終わりにある「冬のチャレンジテスト」をやってみよう！

4 ロバートが(1)～(3)のものをとってほしいとたのんでいます。それぞれの絵の内容に合う英語の文を、　　　の中から選んで　　　に書きましょう。

思考・判断・表現　1問10点（30点）

Robert

(1)

(2)

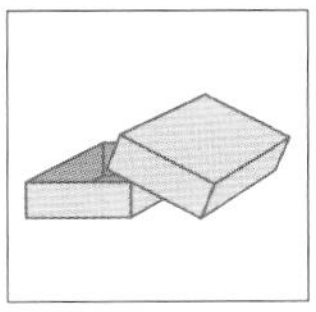

(3)

The hat, please.　　The book, please.

The box, please.

Unit 7
あなたにどうぞ①

学習日　月　日

◎めあて
「何がほしいですか。」と
たずねたり答えたりする
ことができる。

ほしいもののたずね方 / 答え方

ききトリ 音声を聞き、声に出してみましょう。　🔊 トラック79〜80

（フ）**ワット　ドゥ　ユー　ワ（ー）ント**
What do you want?
あなたは何がほしいですか。

ア　スター　プリーズ
A star, please.
星を1つ、お願いします。

せつめい

たずねる What do you want?で、「あなたは何がほしいですか。」と相手がほしいものが何か
をたずねることができます。wantは「〜がほしい」という意味です。

こたえる A 〜, please.（〜をお願いします。）の「〜」にはほしいものを表す言葉を入れましょう。

ききトリ 音声を聞き、英語の言葉を言いかえて、文を読んでみましょう。　🔊 トラック81〜82

What do you want?

A star, please.

🐶 **ワンポイント**
最初に"a"がついているね。「〜を1つ」と言うときは、ほし
いものを表す言葉の前に"a"をつけるんだね。

いいかえよう　形を表す言葉

☐ a diamond（ひし形）
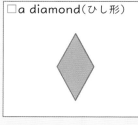

☐ a square（四角形）
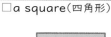

☐ a rectangle（長方形）

☐ a circle（丸）

☐ a triangle（三角形）
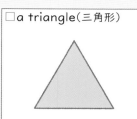

☐ a heart（ハート）

これを知ったら
ワンダフル！ 🐶

星が2つほしいときは、
"Two stars, please."
と言うよ。"two"は
「2」を表す言葉だった
ね。

学習日 月 日

ぴったりクイズ 答えはこのページの下にあるよ！
合奏で使う金属の打楽器は、その形を表す言葉で呼ばれているよ。その打楽器の名前は何かな？

かきトリ 英語をなぞり、声に出してみましょう。 できたらチェック！ 書く 話す □ □

□星
a star

□丸
a circle

□四角形
a square

□ハート
a heart

●ヒント
"circle" や "square" は、つづりをまちがいやすいので注意しよう。

□ひし形
a diamond

□長方形
a rectangle

□三角形
a triangle

□あなたは何がほしいですか。
What do you want?

□ハートを1つ、お願いします。
A heart, please.

▶読み方が分からないときは、左のページにもどって音声を聞いてみましょう。

やりトリ 自分のほしい形を表す言葉を書いて、声に出してみましょう。 できたらチェック！ 書く 話す □ □

What do you want?

A _____, please.

つたえるコツ
"A" は少し小さく、ほしいものを表す言葉ははっきりと言うようにしよう。

▶あてはめる英語は、左のページや付録の小冊子、辞書などからさがしてみよう！

🔑答える練習ができたら、次はだれかに質問してみよう！

ぴったりクイズの答え 打楽器の「トライアングル」は、形が三角形だからそう呼ばれているよ。

ぴったり1
じゅんび

Unit 7
あなたにどうぞ②

学習日　月　日

◎めあて
「〜色の…」と伝えること
ができる。

「〜色の…」というときの伝え方

ききトリ 音声を聞き、声に出してみましょう。　🔊 トラック83〜84

（フ）ワット　ドゥ　ユー　ワ（ー）ント
What do you want?
あなたは何がほしいですか。

ア　レッド　スター　プリーズ
A red star, please.
赤い星を1つ、お願いします。

せつめい

たずねる What do you want?（あなたは何がほしいですか。）と相手がほしいものが何かをたずねることができます。

こたえる A 〜 star, please.で「〜（色）の星を1つ、お願いします。」と答えることができます。「〜」には色を表す言葉を入れましょう。形を表すほかの言葉も使ってみましょう。

ききトリ 音声を聞き、英語の言葉を言いかえて、文を読んでみましょう。　🔊 トラック85〜86

What do you want?

A red star, please.

🐶 **ワンポイント**
ほしいものを表す言葉の前に色を表す言葉を言うんだね。

いいかえよう 🎨　色を表す言葉

□blue（青い）

□green（緑の）

□yellow（黄色い）

□pink（ピンクの）

□brown（茶色の）

□white（白い）

□purple（むらさきの）

□black（黒い）

これを知ったら
ワンダフル！ 🐶
"red（赤い）" → "star（星）"の順番は日本語の「赤い」→「星」の順番と同じだね。

ぴったりクイズ　答えはこのページの下にあるよ！
アメリカの大統領が住んでいる建物は「〜ハウス」と呼ばれているよ。「〜」に入る色を表す言葉は何かな？

かきトリ　英語をなぞり、声に出してみましょう。　　　できたらチェック！　書く □　話す □

□赤い
red

□青い
blue

●ヒント
"brown"の r を l と書かないように気をつけよう。

□黄色い
yellow

□黒い
black

□茶色の
brown

□むらさきの
purple

□緑の
green

□ピンクのハートを１つ、お願いします。
A pink heart, please.

□白い丸を１つ、お願いします。
A white circle, please.

□緑のひし形を１つ、お願いします。
A green diamond, please.

▶読み方が分からないときは、左のページにもどって音声を聞いてみましょう。

やりトリ　ほしい色の形を表す言葉を書いて、声に出してみましょう。　できたらチェック！　書く □　話す □

What do you want?

A _____, please.

つたえるコツ
"A"のあとの色と形を表す言葉を大きくはっきりと言おう。

▶あてはめる英語は、左のページや付録の小冊子、辞書などからさがしてみよう！

✎答える練習ができたら、次はだれかに質問してみよう！

ぴったりクイズの答え　建物の色が白いから、「ホワイトハウス」と呼ばれているよ。

ぴったり1

じゅんび

Unit 7
あなたにどうぞ③

学習日　月　日

めあて
行事のあいさつをすることができる。

ものをわたすときの表現 / 行事のあいさつ

 ききトリ　音声を聞き、声に出してみましょう。　トラック87〜88

ズィス　イズ　フォー　ユー
This is for you.
これをどうぞ。

メリィ　クリスマス
Merry Christmas!
メリークリスマス！

せつめい　つたえる　季節の行事や誕生日などで、相手にプレゼントをわたすときは、This is for you.（これをどうぞ。）と言います。

季節の行事には、それぞれに異なるあいさつがあります。12月25日のクリスマスには、Merry Christmas!（メリークリスマス！）と言って、家族や友だちにお祝いの言葉を伝えます。

ききトリ　音声を聞き、英語の言葉を言いかえて、文を読んでみましょう。　トラック89〜90

This is for you.

Merry Christmas!

ワンポイント

プレゼントをもらったら、"Thank you.（ありがとう。）"と言ってみよう。"Thank you."と言われたら、"You're welcome.（どういたしまして。）"と言うといいよ。

いいかえよう　行事のあいさつ

□Happy Birthday.
（誕生日おめでとう。）

□Happy Valentine's Day.
（バレンタインおめでとう。）

□Happy New Year.
（あけましておめでとう。）

これを知ったら
ワンダフル！

"happy"は「楽しい、幸せな」という意味で、お祝いの言葉を伝えるときによく使われるよ。

❓ぴったりクイズ　答えはこのページの下にあるよ！

"Happy　Holidays."という季節のあいさつは、1年の内でいつごろ使われるあいさつか分かるかな？

かきトリ　英語をなぞり、声に出してみましょう。

できたらチェック！ 書く □ 話す □

□クリスマス

Christmas

□誕生日

birthday

ヒント

行事のあいさつでは、全部の言葉のはじめの文字を大文字で書くことに注意しよう。

□バレンタインデー

Valentine's Day

□これをどうぞ。

This is for you.

□メリークリスマス！

Merry Christmas!

□誕生日おめでとう。

Happy Birthday.

□あけましておめでとう。

Happy New Year.

▶読み方が分からないときは、左のページにもどって音声を聞いてみましょう。

やりトリ　自分が好きな行事で使うあいさつを伝えてみましょう。

できたらチェック！ 書く □ 話す □

This is for you.

つたえるコツ

行事のあいさつは、笑顔で大きな声で言ってみよう。自分も相手も楽しい気分になるよ。

▶あてはめる英語は、左のページや付録の小冊子、辞書などからさがしてみよう！

🎤伝える練習ができたら、次はだれかと話してみよう！

ぴったりクイズの答え　"Happy Holidays."は11月の終わりから新年にかけてのあいさつだよ。

時間 30分
/100
ごうかく 80点

答え 9ページ

1 音声を聞き、内容に合う絵を下の㋐～㋒から選び、（　　）に記号を書きましょう。

トラック91

技能 1問10点(20点)

㋐

㋑

㋒

(1) (　　　　)　　(2) (　　　　)

2 音声を聞き、それぞれの人物がほしいものを、線で結びましょう。

トラック92

技能 1問10点(30点)

(1)　　　　　　　　　(2)　　　　　　　　　(3)

Haruto
•

Saki
•

Emily
•

•　　　　　　　　　　　•　　　　　　　　　　　•

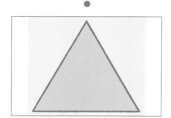

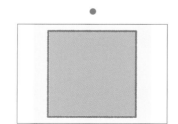

ふりかえり **1** が分からないときは、56ページにもどって確認しよう。

3 日本文の意味を表す英語の文になるように、_____の中から語を選んで_____に書き、文全体をなぞりましょう。

1問10点（20点）

(1) ピンクのひし形を１つ、お願いします。

A _____ , please.

(2) 茶色の長方形を１つ、お願いします。

A _____ , please.

> pink diamond　　　　brown rectangle

4 れんとオリビアが話しています。それぞれの日本文に合う英語の文を、_____の中から選んで_____に書きましょう。

思考・判断・表現　1問10点（30点）

Ren

(1) これをどうぞ。

_____

(2) 誕生日おめでとう。

_____

Olivia

(3) ありがとう。

_____

> Thank you.　　　　Happy Birthday.
>
> This is for you.

Unit 8
これは何？①

◎めあて
「これは何ですか。」とたずねたり答えたりできる。

近くにあるもののたずね方 / 答え方

ききトリ 音声を聞き、声に出してみましょう。　🔊 トラック93〜94

（フ）ワッツ　ズィス
What's this?
これは何ですか。

イッツ　ア　バナナ
It's a banana.
それはバナナです。

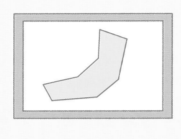

せつめい

たずねる What's this?で、「これは何ですか。」と近くにあるものが何かとたずねることができます。thisは「これは」という意味で、近くにあるものを指します。

こたえる What's this?とたずねられたら、It's 〜.（それは〜です。）と答えましょう。「〜」にたずねられているものを表す言葉を入れましょう。

ききトリ 音声を聞き、英語の言葉を言いかえて、文を読んでみましょう。　🔊 トラック95〜96

What's this?　　**It's a banana.**

ワンポイント

"What's this?"とたずねられたら、"It's 〜."で答えるよ。

いいかえよう

□a melon（メロン）　　□an orange（オレンジ）　　□a carrot（ニンジン）　　□an onion（タマネギ）

□a ball（ボール）　　□a pencil（えんぴつ）　　□a hat（ぼうし）　　□a ruler（定規）

□an eraser（消しゴム）　　□a notebook（ノート）　　□a box（箱）　　□an umbrella（かさ）

これを知ったら ワンダフル！

"a"は「1つの」という意味だよ。"orange"のように母音（a、e、i、o、uの音）で始まる言葉の前では、"a"ではなく"an"をつけるよ。

ぴったりクイズ　答えはこのページの下にあるよ！

"umbrella"は雨の日に使うかさのことだけど、晴れた日に使うかさは何と言うか知っているかな？

かきトリ　英語をなぞり、声に出してみましょう。　　できたらチェック！ 書く　話す □ □

ヒント
"It's"の ' を忘れないように注意しよう。

□バナナ

a banana

□メロン

a melon

□ニンジン

a carrot

□オレンジ

an orange

□えんぴつ

a pencil

□タマネギ

an onion

□箱

a box

□ぼうし

a hat

□定規

a ruler

□ボール

a ball

□これは何ですか。

What's this?

□それはかさです。

It's an umbrella.

▶ 読み方が分からないときは、左のページにもどって音声を聞いてみましょう。

やりトリ　自分の近くにあるものを書いて、声に出してみましょう。　　できたらチェック！ 書く　話す □ □

What's this?

It's _____ .

つたえるコツ
"It's"は少し小さく、そのあとの言葉ははっきりと言うようにしよう。

▶ あてはめる英語は、左のページや付録の小冊子、辞書などからさがしてみよう！

✎ 答える練習ができたら、次はだれかに質問してみよう！

ぴったりクイズの答え　晴れた日に使うかさは"parasol（日がさ）"と言うよ。

ぴったり **1**
じゅんび

Unit 8
これは何？ ②

学習日　月　日

◎めあて
「それは〜です。」とクイズのヒントを伝えることができる。

クイズのヒントのたずね方 / 答え方

 音声を聞き、声に出してみましょう。　🔊 トラック97〜98

ヒント　プリーズ
Hint, please.
ヒントをお願いします。

イッツ　ア　フルート
It's a fruit.
それはくだものです。

せつめい　つたえる　Hint, please.で「ヒントをお願いします。」とたのむことができます。
It's 〜.（それは〜です。）と言って、ヒントを教えてあげましょう。「〜」には、**a fruit**（くだもの）、**a food**（食べもの）、**an animal**（動物）などのジャンルを表す言葉や、色を表す言葉などを入れましょう。

 音声を聞き、英語の言葉を言いかえて、文を読んでみましょう。　🔊 トラック99〜100

Hint, please.

It's a fruit .

🐶 **ワンポイント**
"It's"と言ったあとに答えのヒントになる言葉を言おう。

いいかえよう 😊 ジャンルや色を表す言葉

☐a food（食べもの）

☐an animal（動物）

☐a sport（スポーツ）

☐red（赤い）

☐blue（青い）

☐yellow（黄色い）

☐white（白い）

☐green（緑の）

☐pink（ピンクの）

☐orange（オレンジ色の）

☐black（黒い）

これを知ったら
ワンダフル！
"What's this?（これは何ですか。）"とたずねられたときも、"It's 〜."を使って答えたね。

ぴったりクイズ　答えはこのページの下にあるよ！

英語の "quiz" には「クイズ」以外の意味があるよ。次のうちどれかな？
① 遊び　② 友だち　③ 小テスト

かきトリ　英語をなぞり、声に出してみましょう。

できたらチェック！　書く　話す

□赤い

red

□緑の

green

●ヒント
"a" と "an" をまちがえないように注意しよう。

□青い

blue

□黄色い

yellow

□ピンクの

pink

□オレンジ色の

orange

□くだもの

a fruit

□食べもの

a food

□動物

an animal

□スポーツ

a sport

□ヒントをお願いします。

Hint, please.

□それは動物です。

It's an animal.

▶読み方が分からないときは、左のページにもどって音声を聞いてみましょう。

やりトリ　しょうかいするもののジャンルや色を書いて、声に出してみましょう。できたらチェック！　書く　話す

It's _____ .

つたえるコツ
"It's" と "a" や "an" は少し小さく、そのあとの言葉をはっきりと言うようにしよう。

▶あてはまる英語は、左のページや付録の小冊子、辞書などからさがしてみよう！

🎤伝える練習ができたら、次はだれかと話してみよう！

 ぴったり **1**

じゅんび

Unit 8
これは何？ ③

 めあて
クイズに答えることができる。

学習日　　月　　日

クイズへの答え方 / 正解の伝え方

🎧 **ききトリ** 音声を聞き、声に出してみましょう。　🔊 トラック101〜102

イッツ　ア　スパイダァ
It's a spider.
それはクモです。

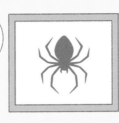

ザッツ　ライト
That's right.
そのとおりです。

せつめい　つたえる　クイズの答えが分かったら、It's 〜.(それは〜です。)と伝えましょう。「〜」には自分の
答えを入れましょう。
答えが正しかったら、That's right.(そのとおりです。)と言ってみましょう。

🎧 **ききトリ** 音声を聞き、英語の言葉を言いかえて、文を読んでみましょう。　🔊 トラック103〜104

 It's a spider .

いいかえよう 🔊 動物や虫を表す言葉

□an owl(フクロウ)

□an elephant(ゾウ)

□a horse(ウマ)

□a panda(パンダ)

□a tiger(トラ)

□a monkey(サル)

□a dog(イヌ)

□a cat(ネコ)

□a rabbit(ウサギ)

ワンポイント
"It's a 〜."は「イッツァ」
と"a"を小さめに言う
よ。

これを知ったら
ワンダフル!
"That's right." の
"right"は「正しい」と
言う意味だよ。

 That's right.

▶ 小冊子のp.12〜15で、もっと言葉や表現を学ぼう！

学習日 ｜ 月 ｜ 日

❓ ぴったりクイズ　答えはこのページの下にあるよ！
英語で"bow-wow"となく動物は次のうちどれかな？
① ウシ　② イヌ　③ ライオン

かきトリ　英語をなぞり、声に出してみましょう。

できたらチェック！ ［書く］［話す］

□トラ

a tiger

□イヌ

a dog

💡ヒント
"rabbit"は b が 2 回続くことに注意しよう。

□ネコ

a cat

□ウマ

a horse

□ウサギ

a rabbit

□パンダ

a panda

□フクロウ

an owl

□クモ

a spider

□ゾウ

an elephant

□それはサルです。

It's a monkey.

□そのとおりです。

That's right.

▶ 読み方が分からないときは、左のページにもどって音声を聞いてみましょう。

やりトリ　動物や虫の名前を書いて、声に出してみましょう。

できたらチェック！ ［書く］［話す］

 It's ＿＿＿＿＿＿＿ .

🐤 つたえるコツ
"It's"と"a"の音はつなげて「イッツァ」と言うようにしよう。

▶ あてはめる英語は、左のページや付録の小冊子、辞書などからさがしてみよう！

🎤 伝える練習ができたら、次はだれかと話してみよう！

ぴったりクイズの答え "bow-wow"は ② イヌ のなき声だよ。日本語とはちがうんだね。

時間 **30** 分

／100

ごうかく **80** 点

答え 10 ページ

---

1 音声を聞き、内容に合う絵を下の⑦〜⑦から選び、（　　）に記号を書きましょう。

トラック105

技能　1問10点（20点）

⑦
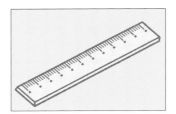

⑦

⑦

(1) (　　　　)　　(2) (　　　　)

---

2 音声を聞き、それぞれの人物が話したヒントに合うクイズの答えを、線で結びましょう。

トラック106

技能　1問10点（30点）

(1)　　　　　　　(2)　　　　　　　(3)

Graham
●

Ayame
●

Ren
●

●　　　　　　●　　　　　　●

ふりかえり　❶が分からないときは、60ページにもどって確認しよう。

3 日本文の意味を表す英語の文になるように、 ◻︎ の中から語を選んで◻︎に書き、文全体をなぞりましょう。文の最初の文字は大文字で書きましょう。

1問10点（20点）

(1) これは何ですか。

this?

(2) そのとおりです。

That's _____.

what's　　　right

4 たけるとエミリーがクイズをしています。それぞれの日本文に合う英語の文を、◻︎の中から選んで◻︎に書きましょう。

思考・判断・表現　1問10点（30点）

Takeru

(1) ヒントをお願いします。

(2) それは緑です。

Emily

(3) それは食べものです。

It's green.　　　It's a food.　　　Hint, please.

Unit 9
きみはだれ？①

めあて
「何か〜なものが見えます。」と伝えることができる。

「何か〜なものが見えます。」と言うときの伝え方

ききトリ 音声を聞き、声に出してみましょう。　　🔊 トラック107〜108

アイ スィー　　　サムスィング　　（フ）ワイト
I see something white.
何か白いものが見えます。

せつめい ｜つたえる｜ 何か見えるけれど何か分からないときは、I see something 〜.（何か〜なものが見えます。）と言います。「〜」には、「白い」や「小さい」など、その特ちょうや様子を表す言葉を入れましょう。seeは「〜が見える」という意味です。

ききトリ 音声を聞き、英語の言葉を言いかえて、文を読んでみましょう。　🔊 トラック109〜110

I see something white .

いいかえよう 特ちょうや様子を表す言葉

□blue(青い)

□red(赤い)

□green(緑の)

□yellow(黄色い)

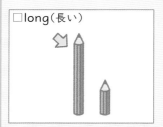
□long(長い)

□small(小さい)

□shiny(かがやく)

□scary(おそろしい)

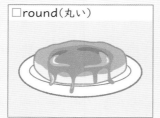
□round(丸い)

□furry(ふわふわした)

ワンポイント
"I see something"と言ったあとに特ちょうや様子を表す言葉を言おう。

これを知ったら
ワンダフル！
"something(何か)"→"red(赤い)"は、日本語の「何か赤い(もの)」と順番が同じだね。

？ ぴったりクイズ　答えはこのページの下にあるよ！

悪意のないうそを、英語では「〜色のうそ」と言うことがあるよ。何色のうそか分かるかな？

かきトリ　英語をなぞり、声に出してみましょう。

できたらチェック！　書く　話す

□赤い

red

□小さい

small

● ヒント

"furry"のrが2回続くことに注意しよう。

□青い

blue

□ふわふわした

furry

□おそろしい

scary

□丸い

round

□緑の

green

□黄色い

yellow

□かがやく

shiny

□長い

long

□何か白いものが見えます。

I see something white.

□何か丸いものが見えます。

I see something round.

▶読み方が分からないときは、左のページにもどって音声を聞いてみましょう。

やりトリ　何かの特ちょうを書いて、声に出してみましょう。

できたらチェック！　書く　話す

I see something ＿＿＿＿＿＿ .

つたえるコツ

"something"のあとの特ちょうや様子を表す言葉をはっきり言うと、相手に伝わりやすいね。

▶あてはめる英語は、左のページや付録の小冊子、辞書などからさがしてみよう！

🎤伝える練習ができたら、次はだれかと話してみよう！

ぴったりクイズの答え　悪意のないうそは"white lie"と言うよ。"white"は「白い」、"lie"は「うそ」という意味だよ。

ぴったり① じゅんび

Unit 9
きみはだれ？②

◎めあて
「あなたの〜が見えます。」と伝えることができる。

「あなたの〜が見えます。」と言うときの伝え方

ききトリ 音声を聞き、声に出してみましょう。　🔊 トラック111〜112

アイ　スィー　ユア　テイル
I see your tail.
あなたのしっぽが見えます。

せつめい 〔つたえる〕 I see your 〜. で、「あなたの〜が見えます。」と相手の見えている体の部位を伝えることができます。yourは「あなたの」という意味です。あとの「〜」に、体の部位を表す言葉を入れましょう。

ききトリ 音声を聞き、英語の言葉を言いかえて、文を読んでみましょう。　🔊 トラック113〜114

I see your [tail] .

🐶 **ワンポイント**
"I see your"のあとに体の部位を表す言葉を言うんだね。

いいかえよう 体の部位を表す言葉

□head（頭）

□ears（耳）

□nose（鼻）

□mouth（口）

□eyes（目）

□shoulders（かた）

□knees（ひざ）

□toes（つま先）

これを知ったら
🐶 **ワンダフル！**
"ears（耳）"や"eyes（目）"のように、左右に2つあるものを表す言葉には最後にsがついているね。

？ぴったりクイズ　答えはこのページの下にあるよ！

"big mouth"と呼ばれる人がいるけど、どんな人か分かるかな？

かきトリ　英語をなぞり、声に出してみましょう。

できたらチェック！　書く□　話す□

□頭

head

□しっぽ

tail

ヒント
"shoulders"は ou のつづり
に注意しよう。

□鼻

nose

□かた

shoulders

□耳

ears

□目

eyes

□口

mouth

□ひざ

knees

□つま先

toes

□あなたのしっぽが見えます。

I see your tail.

□あなたの耳が見えます。

I see your ears.

▶読み方が分からないときは、左のページにもどって音声を聞いてみましょう。

やりトリ　体の部位を書いて、声に出してみましょう。

できたらチェック！　書く□　話す□

I see your _____ .

つたえるコツ
"your"は少し小さく、あと
の言葉を大きくはっきりと言
おう。

▶あてはめる英語は、左のページや付録の小冊子、辞書などからさがしてみよう！

🎤伝える練習ができたら、次はだれかと話してみよう！

ぴったりクイズの答え　"big mouth"は、「おしゃべりな人」を表す言葉だよ。

時間 **30**分

／100

ごうかく **80**点

答え 11 ページ

1 音声を聞き、内容に合う絵を下の⑦～⑦から選び、（　　）に記号を書きましょう。

🔊 トラック115

技能 1問10点(20点)

⑦ 　　⑦ 　　⑦

(1) (　　　　　)　　(2) (　　　　　)

2 音声を聞き、それぞれの人物が見ているものを、線で結びましょう。 🔊 トラック116

技能 1問10点(30点)

(1)　　　　　　　　(2)　　　　　　　　(3)

Sayo　　　　　　　Ren　　　　　　　Olivia
　•　　　　　　　　•　　　　　　　　•

　•　　　　　　　　•　　　　　　　　•

ふりかえり 🐕 **①** が分からないときは、68ページにもどって確認しよう。

3 日本文の意味を表す英語の文になるように、□□□の中から語を選んで□に書き、文全体をなぞりましょう。

(1) 何か黄色いものが見えます。

I see _____ yellow.

(2) あなたのかたが見えます。

I see your _____ .

shoulders　　　something

4 あきが学芸会の出し物に出て話しています。絵を見て、日本文に合う英語の文を、□□□の中から選んで□□に書きましょう。

思考・判断・表現　1問10点（30点）

Aki

(1) 何か白いものが見えます。

_____

(2) 何か長いものが見えます。

_____

(3) あなたの耳が見えます。

_____

I see something long.　　　I see your ears.

I see something white.

73

Unit 9
きみはだれ？③

めあて
「あなたは〜ですか。」と
たずねたり答えたりする
ことができる。

「あなたは〜ですか。」というたずね方 / 答え方

ききトリ 音声を聞き、声に出してみましょう。　🔊 トラック117〜118

イェス　アイ　アム　　　　　ノウ　アイム　ナ(ー)ット
Yes, I am. / No, I'm not.
はい、そうです。 / いいえ、ちがいます。

アー　　　ユー　　　ア　ド(ー)グ
Are you a dog?
あなたはイヌですか。

せつめい

たずねる Are you 〜？で、「あなたは〜ですか。」と相手にたずねることができます。「〜」には、たずねたいものを表す言葉を入れましょう。

こたえる Are you 〜？とたずねられたら、Yes, I am.（はい、そうです。）や No, I'm not.（いいえ、ちがいます。）で答えることができます。

ききトリ 音声を聞き、英語の言葉を言いかえて、文を読んでみましょう。　🔊 トラック119〜120

 Are you a dog ？

ワンポイント
"Are you"と言ったあとに動物を表す言葉を言うんだね。

いいかえよう 動物を表す言葉

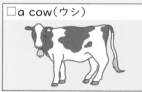
□a cow（ウシ）

□a dragon（リュウ）

□a snake（ヘビ）

□a sheep（ヒツジ）

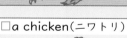
□a chicken（ニワトリ）

□a horse（ウマ）

□an elephant（ゾウ）

□a panda（パンダ）

□a tiger（トラ）

これを知ったら
ワンダフル！
"Are you"のあとには、
気持ちや状態を表す言葉や名前を続けてもいいよ。

 Yes, I am. / No, I'm not.

 ▶ 小冊子のp.12〜15で、もっと言葉や表現を学ぼう！

学習日　月　日

❓ ぴったりクイズ　答えはこのページの下にあるよ！

"dog days(イヌの日々)"と呼ばれる時期があるよ。1年のいつごろのことか分かるかな？

かきトリ　英語をなぞり、声に出してみましょう。

できたらチェック！　書く　話す　□□

● ヒント

"chicken"の cken のつづりに注意しよう。

□イヌ

a dog

□ウシ

a cow

□ヒツジ

a sheep

□ヘビ

a snake

□ニワトリ

a chicken

□リュウ

a dragon

□ウマ

a horse

□あなたはイヌですか。

Are you a dog?

□はい、そうです。

Yes, I am.

□いいえ、ちがいます。

No, I'm not.

▶ 読み方が分からないときは、左のページにもどって音声を聞いてみましょう。

やりトリ 　動物の名前でたずねてみましょう。

できたらチェック！　書く　話す　□□

Are you _____ ?

Yes, I am.

 つたえるコツ

"Are you ～?"は文の終わりを上げて言おう。

▶ あてはめる英語は、左のページや付録の小冊子、辞書などからさがしてみよう！

🎤 たずねる練習ができたら、次はだれかの質問に答えてみよう！

ぴったりクイズの答え　"dog days"は7月のはじめから8月の中ごろまでの1年でいちばん暑い時期のことだよ。

ぴったり① じゅんび

Unit 9
きみはだれ？④

学習日 月 日

© めあて
「あなたはだれですか。」とたずねたり答えたりすることができる。

「あなたはだれですか。」というたずね方 / 答え方

ききトリ 音声を聞き、声に出してみましょう。 🔊トラック121〜122

I'm a dog.
わたしはイヌです。

Who are you?
あなたはだれですか。

せつめい
たずねる Who are you?で、「あなたはだれですか。」と相手にたずねることができます。
こたえる Who are you?とたずねられたら、I'm 〜.（わたしは〜です。）で自分がだれかを答えましょう。

ききトリ 音声を聞き、英語の言葉を言いかえて、文を読んでみましょう。 🔊トラック123〜124

Who are you?

I'm a dog .

いいかえよう 動物や虫を表す言葉

□a cat（ネコ）

□a spider（クモ）

□a wild boar（イノシシ）

□a monkey（サル）

□a rabbit（ウサギ）

□an owl（フクロウ）

□a gorilla（ゴリラ）

□a starfish（ヒトデ）

□a jellyfish（クラゲ）

ワンポイント
"Who are you?"とたずねられたら、"Yes"や"No"ではなく、"I'm 〜."で答えよう。

これを知ったら ワンダフル！
"Who are you?"の"you"は「あなたは」、"I'm 〜."の"I"は「わたしは」という意味だよ。

 ▶ 小冊子のp.12〜15で、もっと言葉や表現を学ぼう！

76

学習日　月　日

❓ **ぴったりクイズ**　答えはこのページの下にあるよ！

"starfish(ヒトデ)"の"star"は何を表す言葉か分かるかな？

かきトリ　英語をなぞり、声に出してみましょう。

できたらチェック！　書く　話す

🌀 **ヒント**

"owl"は母音(a、e、i、o、uの音)で始まるので、前に"an"がつくことに注意しよう。

□イヌ

a dog

□ネコ

a cat

□ウサギ

a rabbit

□サル

a monkey

□ゴリラ

a gorilla

□フクロウ

an owl

□クモ

a spider

□イノシシ

a wild boar

□あなたはだれですか。

Who are you?

□わたしはイヌです。

I'm a dog.

▶ 読み方が分からないときは、左のページにもどって音声を聞いてみましょう。

やりトリ 　好きな動物になりきって答えてみよう。

できたらチェック！　書く　話す

Who are you?

I'm 　　　　　　　　　　　　　　.

🐡 **つたえるコツ** 🐡

"Who 〜?"でたずねる文では、文の終わりを下げて言おう。

▶ あてはめる英語は、左のページや付録の小冊子、辞書などからさがしてみよう！

🎤 答える練習ができたら、次はだれかに質問してみよう！

ぴったりクイズの答え　"star"は「星」という意味だよ。ヒトデは星の形をしているね。

1 音声を聞き、内容に合う絵を下の⑦〜⑨から選び、（ ）に記号を書きましょう。

🔊 トラック125

技能 1問10点（20点）

(1) （   ） (2) （   ）

2 音声を聞き、学芸会でそれぞれの人物が演じている動物を、線で結びましょう。

🔊 トラック126

技能 1問10点（30点）

(1)   (2)   (3)

Robert   Kazumi   Takeshi

・   ・   ・

・   ・   ・

ふりかえり 🐾 **①** が分からないときは、76ページにもどって確認しよう。

3 日本文の意味を表す英語の文になるように、 ＿＿＿の中から語を選んで＿＿に書き、文全体をなぞりましょう。文の最初の文字は大文字で書きましょう。

1問10点（20点）

（1） あなたはイノシシですか。

<u>　　　　　　　　　　　　</u> a wild boar?

（2） （(1)に答えて）はい、そうです。

Yes, <u>　　　　　　　　</u>.

I am　　　are you

4 次は、学芸会でのれんとオリビアのセリフです。それぞれの日本文に合う英語の文を、＿＿＿の中から選んで＿＿に書きましょう。

思考・判断・表現　1問10点（30点）

Ren

（1） あなたはだれですか。

（2） あなたはヘビですか。

Olivia

（3） いいえ、ちがいます。

I'm a dragon.

No, I'm not.　　　Who are you?　　　Are you a snake?

79

ローマ字表

大文字／小文字	A/a	I/i	U/u	E/e	O/o			
	あ a	い i	う u	え e	お o			
K/k	か ka	き ki	く ku	け ke	こ ko	きゃ kya	きゅ kyu	きょ kyo
S/s	さ sa	し shi [si]	す su	せ se	そ so	しゃ sha [sya]	しゅ shu [syu]	しょ sho [syo]
T/t	た ta	ち chi [ti]	つ tsu [tu]	て te	と to	ちゃ cha [tya]	ちゅ chu [tyu]	ちょ cho [tyo]
N/n	な na	に ni	ぬ nu	ね ne	の no	にゃ nya	にゅ nyu	にょ nyo
H/h	は ha	ひ hi	ふ fu [hu]	へ he	ほ ho	ひゃ hya	ひゅ hyu	ひょ hyo
M/m	ま ma	み mi	む mu	め me	も mo	みゃ mya	みゅ myu	みょ myo
Y/y	や ya		ゆ yu		よ yo			
R/r	ら ra	り ri	る ru	れ re	ろ ro	りゃ rya	りゅ ryu	りょ ryo
W/w	わ wa							
N/n	ん n							
G/g	が ga	ぎ gi	ぐ gu	げ ge	ご go	ぎゃ gya	ぎゅ gyu	ぎょ gyo
Z/z	ざ za	じ ji [zi]	ず zu	ぜ ze	ぞ zo	じゃ ja [zya]	じゅ ju [zyu]	じょ jo [zyo]
D/d	だ da	ぢ ji [di]	づ zu [du]	で de	ど do			
B/b	ば ba	び bi	ぶ bu	べ be	ぼ bo	びゃ bya	びゅ byu	びょ byo
P/p	ぱ pa	ぴ pi	ぷ pu	ぺ pe	ぽ po	ぴゃ pya	ぴゅ pyu	ぴょ pyo

スピーキングにチャレンジ

 スピーキングアプリ

> このマークがあるページで、アプリを使うよ!

はじめに

● この章は、ふろくの専用アプリ「ぴたトレスピーキング」を使用して学習します。
以下のストアから「ぴたトレスピーキング」と検索、ダウンロードしてください。

Google Play で手に入れよう　　**App Store** からダウンロード

● 学習する学年をえらんだら、以下のアクセスコードを入力してご利用ください。

３０３　　※このアクセスコードは学年によって異なります。

● くわしい使い方は、アプリの中の「このアプリについて」をご確認ください。

アプリのせつめい

● このアプリでは、英語を話す練習ができます。
● 会話のときは、役になりきって、じっさいの会話のようにターンごとに練習することができます。
● スコアは「発音」「よくよう(アクセント)」をもとに判定されます。

スピーキング紙面のせつめい

はじめに 単語の発音を練習しましょう。
① happy　② tired

→ 単語の発音の練習をしましょう。

や・リとリ 会話の練習をしましょう。
エミとケンタがあいさつをしています。アプリに音声をふきこんで、正しい発音を身につけましょう。

Emi: Hello. How are you?
こんにちは。お元気ですか。

I'm great, thank you.
とても元気です、ありがとうございます。
Kenta

→ 会話の練習をします。
どちらか一方になったつもりで話してみましょう。
一方が終わったら、もう一方のターンの練習もすることができます。

や・リとリ もう一度練習をしましょう。
アプリを使って、会話の練習をしましょう。80点がとれたら、今度は ▇ の言葉を自分で言いかえてみましょう。

Emi : Hello. How are you?
Kenta : I'm `great`, thank you.
・fine　・sleepy　・hungry

→ 言いかえることのできる言葉を選んで、読んでみましょう。

第 1 回　あいさつをして友達になろう

スピーキング アプリ

はじめに 単語の発音を練習しましょう。

① happy　　② tired

やりトリ 会話の練習をしましょう。

エミとケンタがあいさつをしています。アプリに音声をふきこんで、正しい発音を身につけましょう。

Emi：Hello. How are you?
こんにちは。お元気ですか。

I'm great, thank you.
とても元気です、ありがとうございます。
Kenta

やりトリ もう一度練習をしましょう。

アプリを使って、会話の練習をしましょう。80点がとれたら、今度は ▓▓▓▓ の言葉を自分で言いかえてみましょう。

Emi : Hello. How are you?

Kenta : I'm great , thank you.

・fine　・sleepy　・hungry

第2回　数えて遊ぼう

スピーキング
アプリ

はじめに　単語の発音を練習しましょう。

① three　　② thirteen

やりトリ　会話の練習をしましょう。

エミとケンタがいろいろなものの数を数えています。アプリに音声をふきこんで、正しい発音を身につけましょう。

How many books?
本は何冊ですか。

Kenta
Three books.
本は3冊あります。

How many pencils?
えんぴつは何本ですか。

Kenta
Fifteen pencils.
えんぴつは15本あります。

やりトリ　もう一度練習をしましょう。

アプリを使って、会話の練習をしましょう。80点がとれたら、今度は ▉▉ の言葉を自分で言いかえてみましょう。

Emi : How many books ?
・apples　・tomatoes　・balls

Kenta : Three books .
・apples　・tomatoes　・balls

Emi : How many pencils?

Kenta : Fifteen pencils.
・seven　・ten　・twenty

第3回 すきなものをつたえよう

スピーキングアプリ

はじめに 単語の発音を練習しましょう。

① red　② purple　③ orange juice

やりトリ 会話の練習をしましょう。

エミとケンタが好きなスポーツについて話しています。アプリに音声をふきこんで、正しい発音を身につけましょう。

Do you like baseball?
あなたは野球がすきですか。

Yes, I do.
はい、すきです。

Do you like basketball?
あなたはバスケットボールがすきですか。

No, I don't.
いいえ、すきではありません。

やりトリ もう一度練習をしましょう。

アプリを使って、会話の練習をしましょう。80点がとれたら、今度は　　　の言葉を自分で言いかえてみましょう。

Emi : Do you like baseball ?
　　　・soccer　・tennis　・swimming

Kenta : Yes, I do.

Emi : Do you like basketball?

Kenta : No, I don't.
　　　・Yes, I do.

第4回　何がすき？

スピーキングアプリ

はじめに　単語の発音を練習しましょう。

① strawberry　②ball　③rice

ヤ・リ・トリ　会話の練習をしましょう。

エミが、すきなフルーツをケンタにたずねています。アプリに音声をふきこんで、正しい発音を身につけましょう。

Emi

What fruit do you like?
あなたは何のフルーツがすきですか。

I like pineapples.
わたしはパイナップルがすきです。

Kenta

ヤ・リ・トリ　もう一度練習をしましょう。

アプリを使って、会話の練習をしましょう。80点がとれたら、今度は ▢▢ の言葉を自分で言いかえてみましょう。

Emi : What fruit do you like?
　　　・sport　・color　・food

Kenta : I like pineapples .
　　　・baseball　・red　・curry and rice

第5回　カードをおくろう

スピーキング
アプリ

はじめに　単語の発音を練習しましょう。

1 square　　2 circle

やりトリ　会話の練習をしましょう。

エミが、ケンタにほしいカードをたずねています。アプリに音声をふきこんで、正しい発音を身につけましょう。

Emi
What do you want?
あなたはなにがほしいですか。

Kenta
I want a green triangle.
わたしは緑の三角形がほしいです。

Emi
How many?
いくつほしいですか。

Kenta
Two, please.
2つください。

やりトリ　もう一度練習をしましょう。

アプリを使って、会話の練習をしましょう。80点がとれたら、今度は ▨▨▨ の言葉を自分で言いかえてみましょう。

Emi : What do you want?

Kenta : I want a green triangle .

　　　・a red heart　・a blue diamond　・a yellow circle

Emi : How many?

Kenta : Two, please.

第6回　これなあに？

スピーキング
アプリ

はじめに 単語の発音を練習しましょう。

① horse 　② spider

やりトリ 会話の練習をしましょう。

エミがある動物のクイズをだし、ケンタが何の動物か当てようとしています。アプリに音声をふきこんで、正しい発音を身につけましょう。

Emi

An animal, black and white. What's this?
黒と白の動物です。これはなんでしょう。

Hint, please.
ヒントをください。

Kenta

Emi

It's from China.
中国出身です。

It's a panda.
パンダですね。

Kenta

やりトリ もう一度練習をしましょう。

アプリを使って、会話の練習をしましょう。80点がとれたら、今度は ▢ の言葉を自分で言いかえてみましょう。

Emi : An animal, black and white. What's this?

Kenta : Hint, please.

Emi : It's from China .
　　　・Brazil 　・Kenya 　・Australia

Kenta : It's a panda .
　　　・a monkey 　・a zebra 　・a penguin

？

第7回　きみはだれ？

スピーキングアプリ

はじめに　単語の発音を練習しましょう。

① sheep　　② furry　　③ chicken

やりトリ 会話の練習をしましょう。

ケンタがある動物になりきり、エミが何の動物か当てようとしています。アプリに音声をふきこんで、正しい発音を身につけましょう。

Emi

> Who are you?
> あなたはだれですか。

Kenta

> I'm furry. I'm white.
> わたしはふわふわです。わたしは白色です。

Emi

> Are you a sheep?
> あなたはひつじですか。

Kenta

> Yes, I am. I'm a sheep.
> はいそうです、わたしはひつじです。

やりトリ もう一度練習をしましょう。

アプリを使って、会話の練習をしましょう。80点がとれたら、今度は ▮▮▮ の言葉を自分で言いかえてみましょう。

Emi : Who are you?

Kenta : I'm furry . I'm white.
　　　　・long　・strong　・round

Emi : Are you a sheep ?
　　　　・a snake　・a lion　・a jellyfish

Kenta : Yes, I am. I'm a sheep.

夏のチャレンジテスト

月　日

名前

知識・技能

1 音声を聞き、内容に合う絵を下の㋐〜㋒から選び、（　　）に記号を書きましょう。

🔊トラック127　1問5点（10点）

㋐

㋑

㋒

(1)（　　　）　(2)（　　　）

2 音声を聞き、それぞれの人物の出身国を、線で結びましょう。

🔊トラック128　1問5点（15点）

(1)

Jomo
●

(2)

Takeru
●

(3)

Emily
●

●

America

●

Kenya

●

Japan

知識・技能

3 音声を聞き、内容に合うジェスチャーの絵を下の㋐〜㋒から選び、（　　）に記号を書きましょう。

🔊トラック129　1問5点（10点）

㋐

㋑

㋒

(1)（　　　）　(2)（　　　）

4 オリビアとけんたの会話を聞き、(1)〜(3)の質問の答えを下の㋐〜㋒から選び、（　　）に記号を書きましょう。

🔊トラック130　1問5点（15点）

(1) オリビアの出身国はどこですか。

㋐

Australia

㋑

India

㋒

Germany

(2) オリビアの状態はどうですか。

㋐

㋑

㋒

(3) けんたはオリビアに何をしようと言っていますか。

㋐

㋑

㋒

(1)（　　　）　(2)（　　　）　(3)（　　　）

5 絵の内容に合う英語の言葉を、[____]の中から選んで[____]に書きましょう。

1問4点（12点）

(1)

(2)

(3)

tomatoes　　erasers　　crayons

6 日本文の意味を表す英語の文になるように、[____]の中から語を選んで[____]に書き、文全体をなぞりましょう。

1問4点（16点）

(1) また会いましょう。

I'll [____] you [____].

(2) もう行く時間です。

It's [____] to [____].

time　　see　　go　　again

7 絵の内容についての質問に対する答えの文を、[____]の中から選んで[____]に書きましょう。

1問4点（12点）

(1) How many apples?

(2) How many strawberries?

(3) How many triangles?

Two.　　Three.　　Six.

8 絵の内容に合う英語の表現を、[____]の中から選んで[____]に書きましょう。

1問5点（10点）

(1)

(2)

Here you are.　　　　I'm tired.

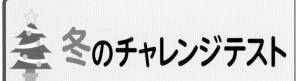
時間
40分

	知識・技能	思考・判断・表現	合格80点
	/50	/50	/100

答え 16〜17ページ →

知識・技能

1 音声を聞き、内容に合う人の名前を下の㋐〜㋒から選び、（　）に記号を書きましょう。

🔊トラック131　　1問5点（10点）

㋐　　　　　　　　　㋑　　　　　　　　　㋒

Robert　　Emily　　Mary

(1) (　　　)　(2) (　　　)

2 音声を聞き、それぞれの人物が好きなものを、線で結びましょう。

🔊トラック132　　1問5点（15点）

(1)
Saki
●

(2)
Kenta
●

(3)
Olivia
●

●
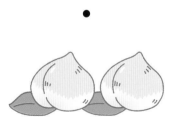

●
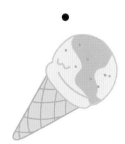

●

知識・技能

3 ブラウン先生がみきに好きなものをたずねています。好きなものには〇を、好きではないものには×を（　）に書きましょう。

🔊トラック133　　1問5点（10点）

Miki

(1) 　　(2)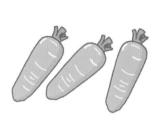

(1) (　　　)　(2) (　　　)

4 エミリーがれんに質問をしています。質問の答えを下の㋐〜㋒から選び、（　）に記号を書きましょう。

🔊トラック134　　1問5点（15点）

(1) ㋐ 　　㋑ 　　㋒

(2) ㋐ 　　㋑ 　　㋒

(3) ㋐ 　　㋑ 　　㋒

(1) (　　　)　(2) (　　　)　(3) (　　　)

（切り取り線）

5 絵の内容に合う英語の言葉を、[____]の中から選んで[____]に書きましょう。

1問3点(9点)

(1)　(2)　(3)

umbrella　　hat　　notebook

6 質問と答えの文が絵の内容に合うように、[____]の中から語を選んで[____]に書き、文全体をなぞりましょう。文の最初の文字は大文字で書きましょう。

1問4点(16点)

(1)

Do you like [____] ?

[____] , I do.

(2)

Do you like [____] ?

[____] , I don't.

no　　yes　　salad　　lemons

7 オリビアが(1)、(2)の絵が示すものをとってほしいとたのんでいます。それぞれの絵の内容に合う英語の文を、[____]の中から選んで[____]に書きましょう。

1問5点(10点)

Olivia

(1)

(2)

The watch, please.　　The book, please.

8 日本文の意味を表す英語の文を、[____]の中から選んで[____]に書きましょう。

1問5点(15点)

(1) わたしはキウイが好きではありません。

(2) あなたは何が好きですか。

(3) あなたは何のフルーツが好きですか。

What fruit do you like?　　What do you like?

I don't like kiwi fruits.

 春のチャレンジテスト

名
前

月　　　日

⏱時間 **40**分

知識・技能	思考・判断・表現	合格80点
/50	/50	/100

答え 18〜19ページ →

答え 18〜19ページ

知識・技能

1 音声を聞き、内容に合う絵を下の㋐〜㋒から選び、（　　）に記号を書きましょう。

🔊トラック135　　1問5点（10点）

　㋐
　㋑
　㋒

(1) （　　　　　） (2) （　　　　　）

2 音声を聞き、それぞれの人物がほしいものを、線で結びましょう。

🔊トラック136　　1問5点（15点）

(1)　
Saki
•

(2)　
Robert
•

(3)　
Olivia
•

•

•

•

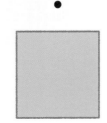

知識・技能

3 けんたがクイズのヒントを出しています。内容に合う絵を下の㋐〜㋒から選び、（　　）に記号を書きましょう。

🔊トラック137　　1問5点（10点）

㋐
㋑
㋒

(1) （　　　　　） (2) （　　　　　）

4 学芸会の準備をしながら、たけるがエミリーに質問をしています。質問の答えを下の㋐〜㋒から選び、（　　）に記号を書きましょう。

🔊トラック138　　1問5点（15点）

(1)　㋐　㋑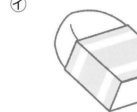　㋒

(2)　㋐　㋑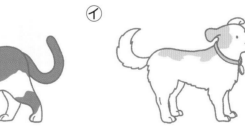　㋒

(3)　㋐　㋑　㋒

(1) （　　　　） (2) （　　　　） (3) （　　　　）

5 絵の内容に合う英語の言葉を、┆┄┄┄┆の中から選んで□の中に書きましょう。

1問3点（9点）

(1) 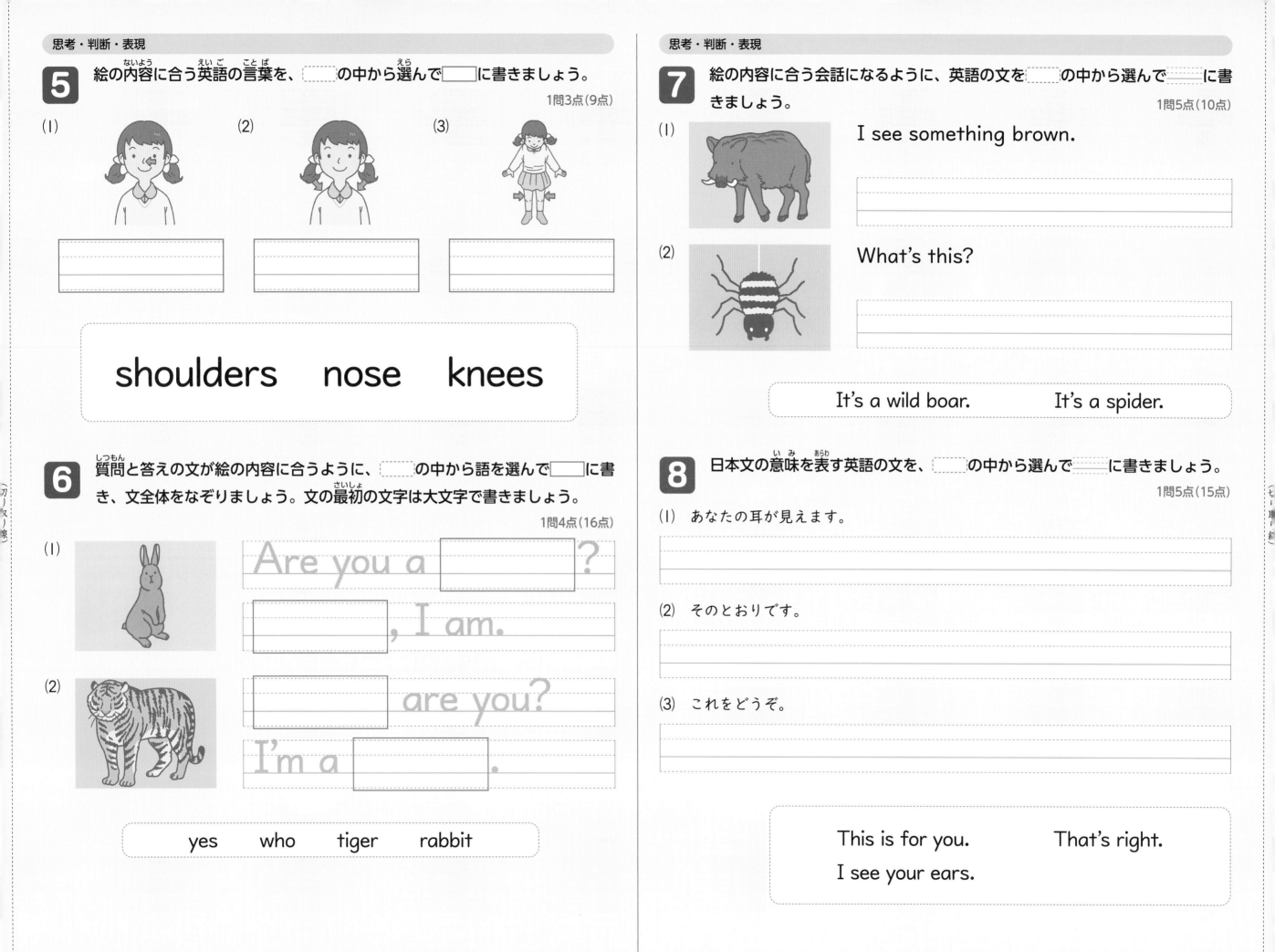　(2)　(3)

┌─────────────────────────────┐
│　shoulders　　nose　　knees　│
└─────────────────────────────┘

6 質問と答えの文が絵の内容に合うように、┆┄┄┆の中から語を選んで□に書き、文全体をなぞりましょう。文の最初の文字は大文字で書きましょう。

1問4点（16点）

(1) Are you a ＿＿＿＿＿?

＿＿＿＿, I am.

(2) ＿＿＿＿ are you?

I'm a ＿＿＿＿.

┌────────────────────────────┐
│　yes　　who　　tiger　　rabbit　│
└────────────────────────────┘

7 絵の内容に合う会話になるように、英語の文を┆┄┄┆の中から選んで＿＿に書きましょう。

1問5点（10点）

(1) I see something brown.

＿＿＿＿＿＿＿＿＿＿

(2) What's this?

＿＿＿＿＿＿＿＿＿＿

┌──────────────────────────────────┐
│　It's a wild boar.　　　It's a spider.　│
└──────────────────────────────────┘

8 日本文の意味を表す英語の文を、┆┄┄┆の中から選んで＿＿に書きましょう。

1問5点（15点）

(1) あなたの耳が見えます。

＿＿＿＿＿＿＿＿＿＿

(2) そのとおりです。

＿＿＿＿＿＿＿＿＿＿

(3) これをどうぞ。

＿＿＿＿＿＿＿＿＿＿

┌────────────────────────────────┐
│　This is for you.　　　That's right.　│
│　I see your ears.　　　　　　　　　　│
└────────────────────────────────┘

知識・技能

1 音声を聞き、内容に合う絵を下の㋐〜㋒から選び、（　）に記号を書きましょう。

トラック139　　1問4点(8点)

㋐ 　　㋑ 　　㋒

(1)（　　　）(2)（　　　）

2 音声を聞き、それぞれの人物が好きなスポーツを、線で結びましょう。

トラック140　　1問4点(12点)

(1) 　　(2) 　　(3)
Emily　　Takeru　　Sayo

●　　●　　●

●　　●　　●

知識・技能

3 くだもの屋さんで、それぞれの人物がくだものの数を答えています。くだものとその数を（　）に日本語と数字で書きましょう。

トラック141　　1つ5点(20点)

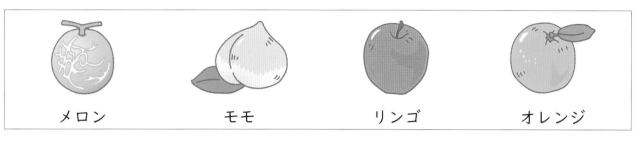
メロン　　モモ　　リンゴ　　オレンジ

(1)
Robert

くだもの　　　　数

（　　　　　）（　　　　　）個

(2)
Miki

くだもの　　　　数

（　　　　　）（　　　　　）個

4 音声を聞き、質問の答えを下の㋐〜㋒から選び、（　）に記号を書きましょう。

トラック142　　1問5点(10点)

(1) ㋐ 　　㋑ 　　㋒

(2) ㋐ 　　㋑ 　　㋒

(1)（　　　）(2)（　　　）

5 絵が示すジェスチャーに合う英語の表現を、◌◌◌◌の中から語を選んで◯◯◯に書き、文全体をなぞりましょう。　1問3点（9点）

(1) Good ☐.

(2) I don't ☐.

(3) Give me ☐.

```
idea    five    know
```

6 日本文の意味を表す英語の文を、◌◌◌の中から語を選んで◯◯◯に書き、文全体をなぞりましょう。文の最初の文字は大文字で書きましょう。　1問4点（16点）

(1) はい、どうぞ。

☐ you ☐.

(2) あなたの頭が見えます。

I ☐ your ☐.

```
here    head    see    are
```

7 絵の内容についての質問に対する答えの文を、◌◌◌の中から選んで◯◯◯に書きましょう。　1問5点（15点）

(1) How are you?

(2) What's this?

(3) Do you like carrots?

```
I'm hungry.          No, I don't.
It's a jellyfish.
```

8 日本文の意味を表す英語の文を、◌◌◌の中から選んで◯◯◯に書きましょう。　1問5点（10点）

(1) わたしは日本出身です。

(2) わたしはタマネギが好きではありません。

```
I'm from Japan.      I don't like onions.
```

教科書ぴったりトレーニング

丸つけラクラクかいとう

**英語活動対応版
英語3年**

「丸つけラクラクかいとう」では問題と同じ紙面に、赤字で答えを書いています。

①問題がとけたら、まずは答え合わせをしましょう。

②まちがえた問題やわからなかった問題は、てびきを読んだり、教科書を読み返したりしてもう一度見直しましょう。

🏠 **おうちのかたへ** では、次のようなものを示しています。

・学習のねらいやポイント
・他の学年や他の単元の学習内容とのつながり
・まちがいやすいことやつまずきやすいところ

お子様への説明や、学習内容の把握などにご活用ください。

見やすい答え

くわしいてびき

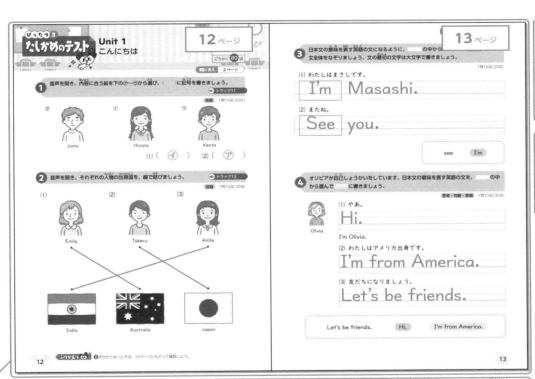

読まれる英語

1 (1) Hello! I'm Hinata.
(2) Hi. I'm Jomo.

2 (1) I'm Emily. I'm from Australia.
(2) I'm Takeru. I'm from Japan.
(3) Hello. I'm Anita. I'm from India.

🏠 **おうちのかたへ**

このユニットではあいさつや自分の名前と出身国の伝え方を練習しました。日常生活でお子さまとHi.やSee you.などのあいさつを交わしたり、簡単な自己紹介をしあったりして、英語に触れる時間をとってみてください。

読まれる英語

おうちのかたへ

※紙面はイメージです。

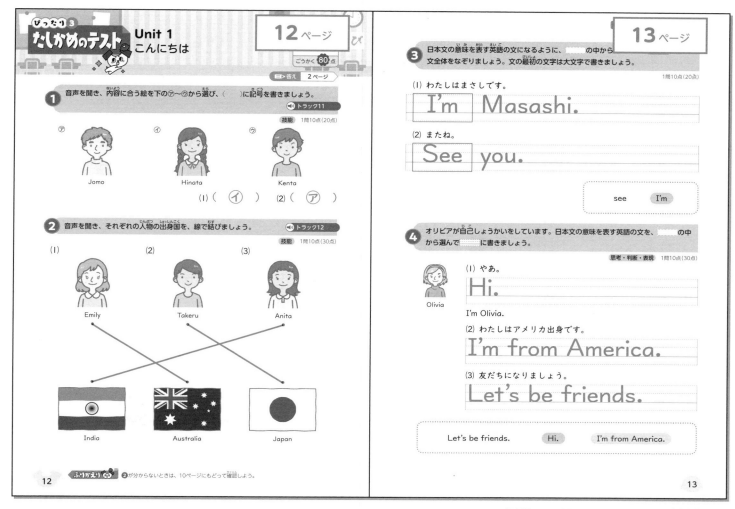

ぴったり3
たしかめのテスト Unit 1
こんにちは

12ページ

ごうかく80点
答え 2ページ

① 音声を聞き、内容に合う絵を下の⑦～⑦から選び、（　）に記号を書きましょう。
🔊トラック11
技能 1問10点(20点)

⑦ Jomo
⑦ Hinata
⑦ Kenta

(1)（　⑦　）　(2)（　⑦　）

② 音声を聞き、それぞれの人物の出身国を、線で結びましょう。
🔊トラック12
技能 1問10点(30点)

(1) Emily
(2) Takeru
(3) Anita

India
Australia
Japan

③ 日本文の意味を表す英語の文になるように、　　の中から
文全体をなぞりましょう。文の最初の文字は大文字で書きましょう。

13ページ

1問10点(20点)

(1) わたしはまさしです。

I'm Masashi.

(2) またね。

See you.

see　　I'm

④ オリビアが自己しょうかいをしています。日本文の意味を表す英語の文を、　　の中
から選んで　　　に書きましょう。

思考・判断・表現 1問10点(30点)

Olivia

(1) やあ。

Hi.

I'm Olivia.

(2) わたしはアメリカ出身です。

I'm from America.

(3) 友だちになりましょう。

Let's be friends.

Let's be friends.　　Hi.　　I'm from America.

13

読まれる英語

① (1)Hello! I'm Hinata.
　(2)Hi. I'm Jomo.
② (1)I'm Emily. I'm from Australia.
　(2)I'm Takeru. I'm from Japan.
　(3)Hello. I'm Anita. I'm from India.

おうちのかたへ

このユニットではあいさつや自分の名前と出身国の伝え方を練習しました。日常生活でお子さまとHi.やSee you.などのあいさつを交わしたり、簡単な自己紹介をしあったりして、英語に触れる時間をとってみてください。

① Hello.(こんにちは。)やHi.(やあ。)というあいさつのあとに、I'm ～.(わたしは～です。)と名前が読まれます。I'mのあとの名前に注意して聞き取りましょう。

② I'm from ～.(わたしは～出身です。)と出身国を伝える英語が読まれます。fromのあとの国を表す言葉に注意して聞き取りましょう。

③ 名前を伝える表現と、別れのあいさつを練習しましょう。See you.(またね。)は人と別れるときに使うあいさつです。

④ 自己しょうかいをするときは、はじめにあいさつをして、名前や出身国を伝えます。最後にLet's be friends.(友だちになりましょう。)などと言うのもよいでしょう。

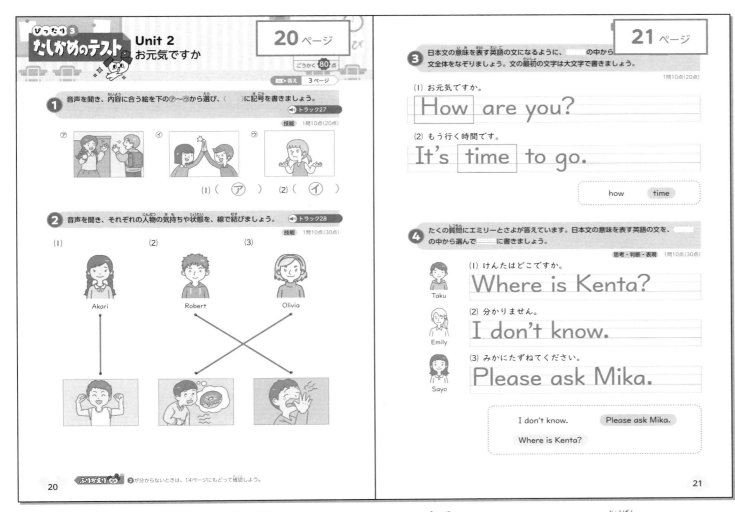

読まれる英語

1 (1) Goodbye to you.

(2) Give me five.

2 (1) A: How are you, Akari?

B: I'm fine.

(2) A: Hi, Robert. How are you?

B: I'm sleepy.

(3) A: Hello, Olivia. How are you?

B: I'm hungry.

おうちのかたへ

このユニットでは気持ちや状態をたずねる表現や、ジェスチャーを使った表現などをあつかいました。自分の気持ちをよりうまく伝えられるように、お子さまと表情やジェスチャーを使ってやり取りする練習をしてみてください。

① 絵をよく見て、それぞれどの英語が使われるときのジェスチャーなのか、考えながら聞きましょう。

② How are you?（ごきげんいかがですか。）とたずねる英語と、I'm ～.（わたしは～です。）と自分の気持ちや状態を答える英語が読まれます。I'mのあとの言葉に注意して聞き取りましょう。

③ 相手の気持ちや状態をたずねる表現と、It's time to go.（もう行く時間です。）という表現を練習しましょう。timeは「時間」を表す言葉です。

④ 場所をたずねるときは、Where is ～?（～はどこですか。）と言います。分からないときは、I don't know.（分かりません。）と答えましょう。Please ～.（～してください。）はていねいに相手にたのむ表現です。

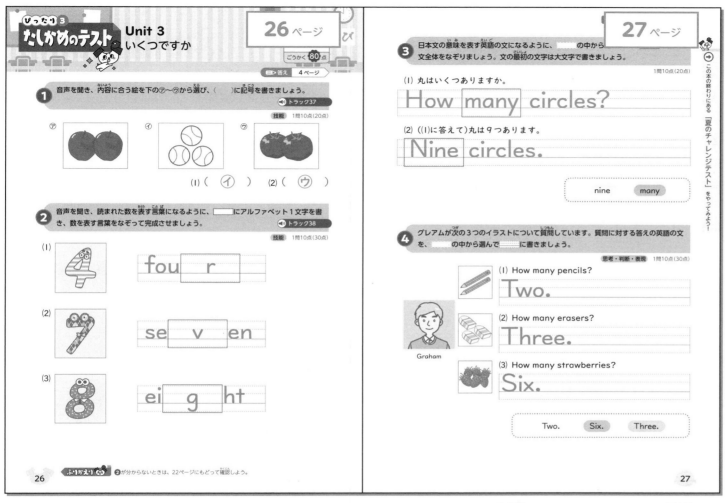

① (1)A: How many balls?
　　 B: Three.
　 (2)A: How many tomatoes?
　　 B: Two tomatoes.

② (1)Four, f, o, u, r, four.
　 (2)Seven, s, e, v, e, n, seven.
　 (3)Eight, e, i, g, h, t, eight.

おうちのかたへ

このユニットでは数のたずね方と答え方をあつかいました。お子さまに、How many apples? など数をたずねる表現を使って、数字を英語で言う練習をさせてみてください。

① はじめにHow many ~?（～はいくつですか。）とたずねる英語と、数を答える英語が読まれます。How manyのあとの言葉に注意して聞き取りましょう。

② 数を表す言葉と、そのアルファベットのつづりが読まれます。(3)eightの"gh"のつづりに注意しましょう。

③ 数をたずねる表現と、数を答える表現を練習しましょう。答えるときは、数を表す言葉のあとにものを表す言葉を続けてもよいでしょう。

④ それぞれ、イラストにかかれたものの数をたずねています。イラストをよく見て、その数を表す言葉を選んで書きましょう。

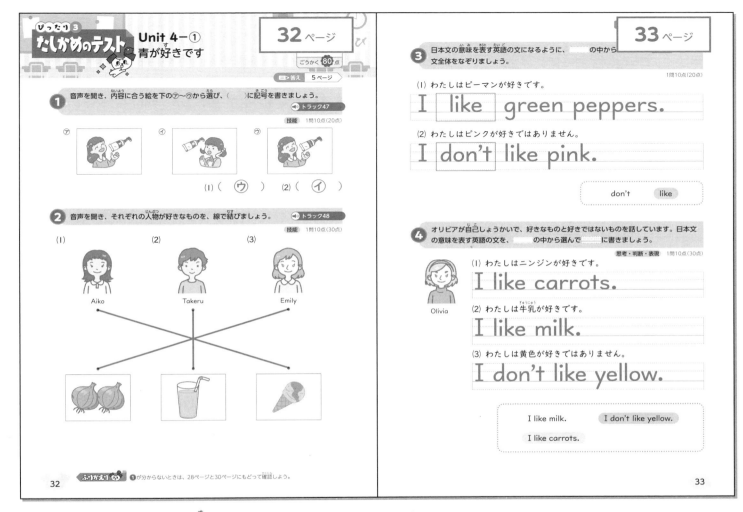

ぴったり3
たしかめのテスト
Unit 4－①
青が好きです

32ページ

ごうかく80点

答え 5ページ

① 音声を聞き、内容に合う絵を下の⑦～⑦から選び、（　）に記号を書きましょう。

トラック47

技能 1問10点(20点)

⑦　　　　　⑦　　　　　⑦

(1) （　ウ　） 　(2) （　イ　）

② 音声を聞き、それぞれの人物が好きなものを、線で結びましょう。

トラック48

技能 1問10点(30点)

(1)　　　　(2)　　　　(3)

Aiko　　　Takeru　　　Emily

32

ふりかえり ① が分からないときは、28ページと30ページにもどって確認しよう。

③ 日本文の意味を表す英語の文になるように、　　　の中から　　　文全体をなぞりましょう。

33ページ

1問10点(20点)

(1) わたしはピーマンが好きです。

I like green peppers.

(2) わたしはピンクが好きではありません。

I don't like pink.

don't　　like

④ オリビアが自己しょうかいで、好きなものと好きではないものを話しています。日本文の意味を表す英語の文を、　　　の中から選んで　　　に書きましょう。

思考・判断・表現 1問10点(30点)

Olivia

(1) わたしはニンジンが好きです。

I like carrots.

(2) わたしは牛乳が好きです。

I like milk.

(3) わたしは黄色が好きではありません。

I don't like yellow.

I like milk.　　I don't like yellow.

I like carrots.

33

読まれる英語

① (1)I like purple.

(2)I don't like green.

② (1)I'm Aiko. I like ice cream.

(2)I'm Takeru. I like orange juice.

(3)I'm Emily. I like onions.

おうちのかたへ

このユニットでは、自分の好きなもの、好きではないものを伝える練習をしました。身の回りのものや食べ物について好ききらいが言えるように、お子さまといっしょに練習してみましょう。

① I like ～.(わたしは～が好きです。)とI don't like ～.(わたしは～が好きではありません。)のちがいや、likeのあとの色を表す言葉に注意して聞き取りましょう。

② 名前を言ったあと、I like ～.(わたしは～が好きです。)と伝える英語が読まれます。likeのあとの食べものや飲みものを表す言葉に注意して聞き取りましょう。

③ 「わたしは～が好きです。」や、「わたしは～が好きではありません。」と伝える表現を練習しましょう。

④ 自分が好きなものを伝えるときは、I like ～.と言います。自分が好きではないものを伝えるときは、I don't like ～.と言います。likeのあとの単語に注意して、日本語に合う文を選んで書きましょう。

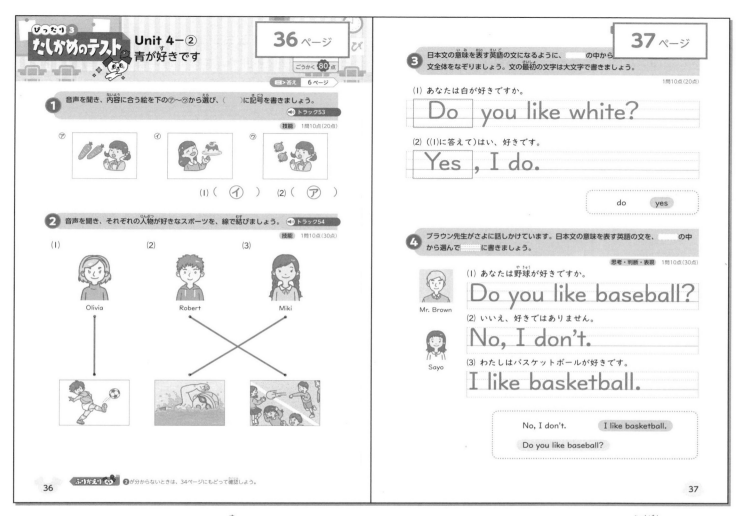

読まれる英語

❶ (1)A: Do you like pudding?
　　B: Yes, I do.
　(2)A: Do you like carrots?
　　B: No, I don't.

❷ (1)A: Do you like soccer, Olivia?
　　B: Yes, I do.
　(2)A: Do you like dodgeball, Robert?
　　B: Yes, I do.
　(3)A: Do you like soccer, Miki?
　　B: No, I don't. I like swimming.

おうちのかたへ

このユニットでは、相手に好きなものをたずねたり、それに答えたりする練習をしました。身の回りにあるものについて、お子さまにDo you like ～?とたずね、それに答える練習をしてみてください。

❶ Do you like ～?（あなたは～が好きですか。）という英語が読まれます。likeのあとの言葉や、答えの文のYes、Noに注意して聞き取りましょう。

❷ (3)は、Do you like ～?にNo, I don't.（いいえ、好きではありません。）と答えたあと、I like ～.（わたしは～が好きです。）と言っています。likeのあとの言葉に注意して聞き取りましょう。

❸ 「あなたは～が好きですか。」という表現と、それに「はい、好きです。」と答える表現を練習しましょう。

❹ Do you like ～?とたずねる文に、No, I don't.と答えたあとに、自分の好きなものをI like ～.で伝えてあげるといいですね。

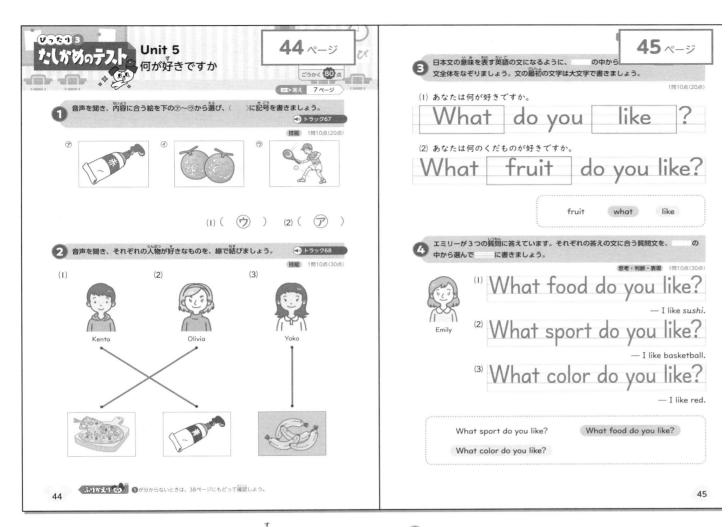

読まれる英語

① (1) A: What do you like?
   B: I like tennis.

(2) A: What do you like?
   B: I like red.

② (1) A: What color do you like, Kenta?
   B: I like blue.

(2) A: What food do you like, Olivia?
   B: I like pizza.

(3) A: What fruit do you like, Yoko?
   B: I like bananas.

おうちのかたへ

このユニットでは、相手に何が好きなのかをたずねる表現を練習しました。What 〜 do you like?に対しては、何についてたずねられているかお子さまと確認しながら練習してください。

① What do you like?（あなたは何が好きですか。）とたずねる英語と、I like 〜.（わたしは〜が好きです。）と答える英語が読まれます。答えの文のlikeのあとの言葉に注意して聞き取りましょう。

② What 〜 do you like?（あなたは何の〜が好きですか。）とたずねる英語と、I like 〜.と答える英語が読まれます。likeのあとの言葉に注意して聞き取りましょう。

③ What do you like?とWhat 〜 do you like?のちがいに注意して練習しましょう。

④ 答えの文のlikeのあとの言葉に注意しましょう。何のジャンルのものを答えているかがわかると、What 〜 do you like?の「〜」にあてはまるものがわかります。答えの文に対して正しい質問文を選んで書きましょう。

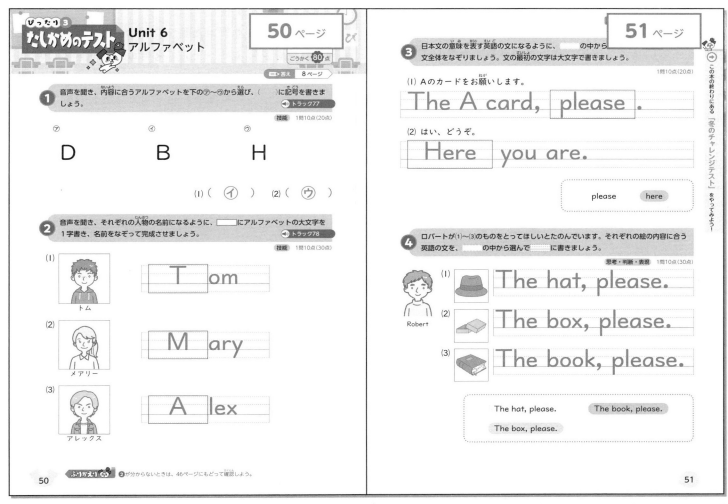

① (1)A: Can you see any letters of the
　　　 alphabet?
　　 B: B.
　 (2)A: Can you see any letters of the
　　　 alphabet?
　　 B: H.
② (1)I'm Tom.　T, O, M, Tom.
　 (2)Hello, I'm Mary.　M, A, R, Y, Mary.
　 (3)Hi, I'm Alex.　A, L, E, X, Alex.

おうちのかたへ

このユニットでは、アルファベットの大文字と相手に
ものを取ってほしいと頼む表現をあつかいました。ア
ルファベットは歌を歌って覚えるのが効果的です。4
線に正しく書く練習をするようお声がけください。

① Can you see any letters of the alphabet?（あな
たはアルファベットの文字が見えますか。）とたずね
る英語のあとに、アルファベットを答える英語が読
まれます。注意して聞き取りましょう。

② 名前のアルファベットのつづりが読まれます。よく
聞いて、空らんに入る大文字を正しく書きましょう。
名前のはじめの文字は大文字で書きます。

③ ～, please.（～をお願いします。）と相手にたのむ表
現と、Here you are.（はい、どうぞ。）とたのまれた
ものを手わたす表現を練習しましょう。

④ ～, please.で、相手にとってほしいとたのむことが
できます。「～」に、それぞれの絵に合う文を選んで
書きましょう。

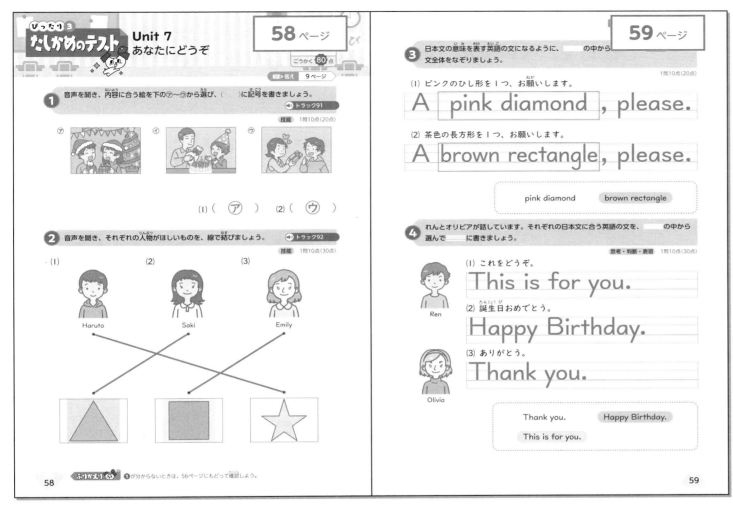

ごうかく 80点

答え 9 ページ

❶ 音声を聞き、内容に合う絵を下の⑦〜⑨から選び、（ ）に記号を書きましょう。

🔊 トラック91

技能　1問10点(20点)

(1) （ ⑦ ）　(2) （ ⑨ ）

❷ 音声を聞き、それぞれの人物がほしいものを、線で結びましょう。

🔊 トラック92

技能　1問10点(30点)

(1) Haruto　(2) Saki　(3) Emily

❸ 日本文の意味を表す英語の文になるように、 の中から文全体をなぞりましょう。

1問10点(20点)

(1) ピンクのひし形を1つ、お願いします。

A pink diamond , please.

(2) 茶色の長方形を1つ、お願いします。

A brown rectangle , please.

pink diamond　　brown rectangle

❹ れんとオリビアが話しています。それぞれの日本文に合う英語の文を、 の中から選んで に書きましょう。

思考・判断・表現　1問10点(30点)

Ren

(1) これをどうぞ。

This is for you.

(2) 誕生日おめでとう。

Happy Birthday.

Olivia

(3) ありがとう。

Thank you.

Thank you.　　Happy Birthday.
This is for you.

ふりかえり ❶が分からないときは、56ページにもどって確認しましょう。

58

59

❶ 行事のあいさつが読まれます。それぞれどの場面で使われる表現か、注意して聞きましょう。

❷ What do you want?（あなたは何がほしいですか。）とたずねる英語と、〜, please.（〜をお願いします。）と答える英語が読まれます。pleaseの前の色や形を表す言葉に注意して聞き取りましょう。

❸ ほしいものをお願いするときは、〈A＋色を表す言葉＋形を表す言葉, please.〉の順番になることに注意しましょう。

❹ 誕生日での会話です。相手にプレゼントをわたすときに言う表現や、行事のあいさつ、お礼を言うときの表現などを練習しましょう。

9

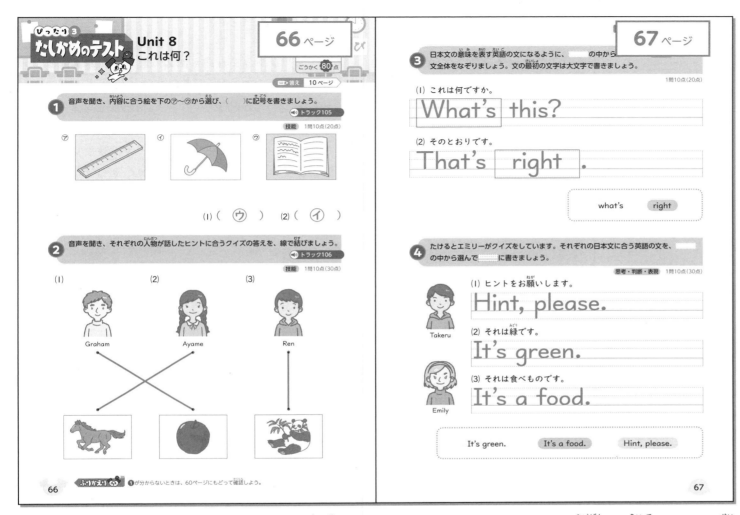

❶ (1)A: What's this?
　　B: It's a notebook.
　(2)A: What's this?
　　B: It's an umbrella.
❷ (1)A: Hint, please, Graham.
　　B: It's red. It's a fruit.
　(2)A: Hint, please, Ayame.
　　B: It's an animal. It's brown.
　(3)A: Hint, please, Ren.
　　B: It's an animal. It's white and black.

⌂ おうちのかたへ

このユニットでは、英語のクイズを通して、フルーツ
や動物などの身近な単語を学びました。カードにシル
エットを描いて、お子さまとクイズを出し合ってみて
ください。

❶ What's this?（これは何ですか。）とたずねる英語と、
It's 〜.（それは〜です。）と答える英語が読まれます。
答えの文のIt'sのあとの言葉に注意して聞き取りま
しょう。

❷ Hint, please.（ヒントをお願いします。）という英語
と、It's 〜.と答える英語が2つ読まれます。It'sの
あとの言葉に注意して聞き取りましょう。

❸ What's this?とたずねる表現と、相手がクイズに正
解したときにThat's right.（そのとおり。）という表
現を練習しましょう。

❹ クイズのヒントがほしいときは、Hint, please.と
言ってお願いしましょう。ヒントをお願いされたら、
It's 〜.と言って教えてあげましょう。

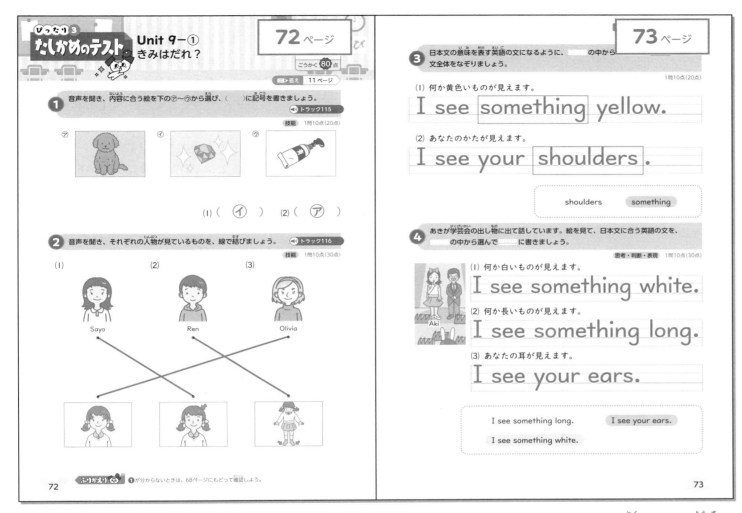

読まれる英語

❶ (1)I see something shiny.
(2)I see something furry.

❷ (1)I'm Sayo. I see your head.
(2)I'm Ren. I see your toes.
(3)I'm Olivia. I see your eyes.

おうちのかたへ

このユニットでは、「〜が見える」という表現を練習しました。身の回りのものを使って、お子さまといっしょにI see something 〜.と伝える練習をしてみましょう。

❶ I see something 〜.(〜なものが見えます。)という英語が読まれます。somethingのあとの言葉に注意して聞き取りましょう。

❷ 自分の名前を言ったあと、I see your 〜.(あなたの〜が見えます。)という英語が読まれます。yourのあとの言葉に注意して聞きましょう。

❸ 「何か〜なもの」は〈something＋特ちょうや様子を表す言葉〉です。「あなたの〜」は〈your＋体の部位を表す言葉〉です。

❹ 日本文をよく見て、I seeのあとにどの言葉を続けるのか、よく考えて英語の文を選んで書きましょう。

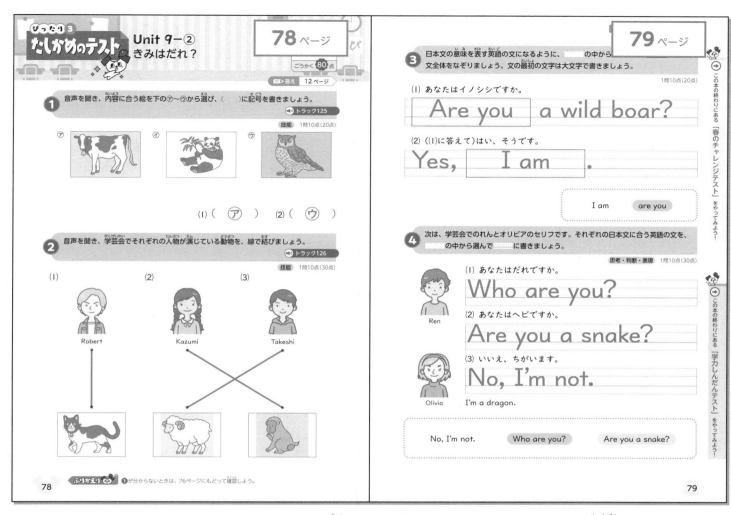

1 (1)A: Who are you?

　　B: I'm a cow.

　(2)A: Who are you?

　　B: I'm an owl.

2 (1)A: Are you a cat, Robert?

　　B: Yes, I am.

　(2)A: Are you a monkey, Kazumi?

　　B: Yes, I am.

　(3)A: Are you a monkey, Takeshi?

　　B: No, I'm not. I'm a sheep.

おうちのかたへ

このユニットでは、「あなたはだれですか。」や「あなたは～ですか。」という表現を練習しました。お子さまといっしょに、動物のまねをして、Are you ～?とたずねるゲームをしてみてください。

1 Who are you?(あなたはだれですか。)とたずねる英語と、I'm ～.(わたしは～です。)と答える英語が読まれます。答えの文のI'mのあとの言葉に注意して聞き取りましょう。

2 Are you ～?(あなたは～ですか。)とたずねる英語と、YesやNoで答える英語が読まれます。Are youのあとの言葉と答えに注意して聞き取りましょう。

3 「あなたは～ですか。」という表現と、それに「はい、そうです。」と答える表現を練習しましょう。

4 Who are you?とたずねる文には、I'm ～.で答えますが、Are you ～?とたずねる文には、YesかNoを使って答えます。答え方に注意しましょう。

メモ

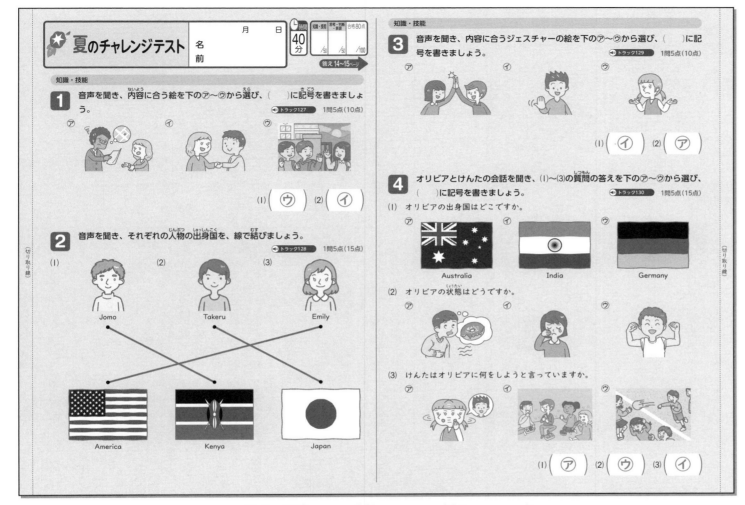

知識・技能

1 音声を聞き、内容に合う絵を下の⑦~⑨から選び、（　）に記号を書きましょう。

🔊 トラック127　1問5点（10点）

⑦　　　⑦　　　⑨

(1)（ ウ ）　(2)（ イ ）

2 音声を聞き、それぞれの人物の出身国を、線で結びましょう。

🔊 トラック128　1問5点（15点）

(1) Jomo　(2) Takeru　(3) Emily

America　Kenya　Japan

知識・技能

3 音声を聞き、内容に合うジェスチャーの絵を下の⑦~⑨から選び、（　）に記号を書きましょう。

🔊 トラック129　1問5点（10点）

⑦　　　⑦　　　⑨

(1)（ イ ）　(2)（ ア ）

4 オリビアとけんたの会話を聞き、(1)~(3)の質問の答えを下の⑦~⑨から選び、（　）に記号を書きましょう。

🔊 トラック130　1問5点（15点）

(1) オリビアの出身国はどこですか。

⑦ Australia　⑦ India　⑨ Germany

(2) オリビアの状態はどうですか。

⑦　　　⑦　　　⑨

(3) けんたはオリビアに何をしようと言っていますか。

⑦　　　⑦　　　⑨

(1)（ ア ）　(2)（ ウ ）　(3)（ イ ）

読まれる英語

1 (1) See you.
(2) Let's be friends.

2 (1) I'm Jomo. I'm from Kenya.
(2) I'm Takeru. I'm from Japan.
(3) I'm Emily. I'm from America.

3 (1) Come here.
(2) Give me five.

4 A: Hi, Kenta. I'm Olivia. I'm from Australia.
B: Hi, Olivia. How are you?
A: I'm fine. How are you?
B: I'm hungry. Let's have lunch.

1 絵の内容をよく見て、それぞれの英語の表現がどの場面に合うか、注意して聞き取りましょう。

2 I'm ~.（わたしは~です。）と名前を言ったあとに、I'm from ~.（わたしは~出身です。）と出身国を伝える英語が読まれます。fromのあとに読まれる、国を表す言葉に注意して聞き取りましょう。

3 絵をよく見て、それぞれどの英語が使われるときのジェスチャーなのか、考えながら聞き取りましょう。

4 オリビアが、I'm Olivia.（わたしはオリビアです。）と言ったあとに、I'm from ~.（わたしは~出身です。）と出身国を伝えています。けんたがオリビアに、How are you?（ごきげんいかがですか。）とたずねたあとのオリビアの答えに注意して聞き取りましょう。最後にけんたは、Let's have lunch.（昼食を食べましょう。）と言っています。

5 絵の内容に合う英語の言葉を、____の中から選んで____に書きましょう。
1問4点(12点)

(1) (2) (3)

| erasers | crayons | tomatoes |

tomatoes   erasers   crayons

6 日本文の意味を表す英語の文になるように、____の中から語を選んで____に書き、文全体をなぞりましょう。
1問4点(16点)

(1) また会いましょう。

I'll | see | you | again .

(2) もう行く時間です。

It's | time | to | go .

time   see   go   again

7 絵の内容についての質問に対する答えの文を、____の中から選んで____に書きましょう。
1問4点(12点)

(1) How many apples?

Two.

(2) How many strawberries?

Six.

(3) How many triangles?

Three.

Two.   Three.   Six.

8 絵の内容に合う英語の表現を、____の中から選んで____に書きましょう。
1問5点(10点)

(1)

Here you are.

(2)

I'm tired.

Here you are.   I'm tired.

5 絵の内容はそれぞれ、(1)消しゴム、(2)クレヨン、(3)トマトです。

6 I'll see you again.(また会いましょう。)は別れのあいさつの1つです。See you.(またね。)やGoodbye.(さようなら。)と言うこともできます。

7 絵の内容はそれぞれ、(1)リンゴ2個、(2)イチゴ6個、(3)三角形3個です。How many ～?は「～はいくつありますか。」と数をたずねる表現です。絵を見て、それぞれの数を表す言葉を選びましょう。

8 (1)の絵は、男の子が女の子に本を手わたしているところです。ものを相手にわたすときは、Here you are.(はい、どうぞ。)と言います。(2)の絵は、つかれている男の子です。I'm tired.は「わたしはつかれています。」という意味です。

15

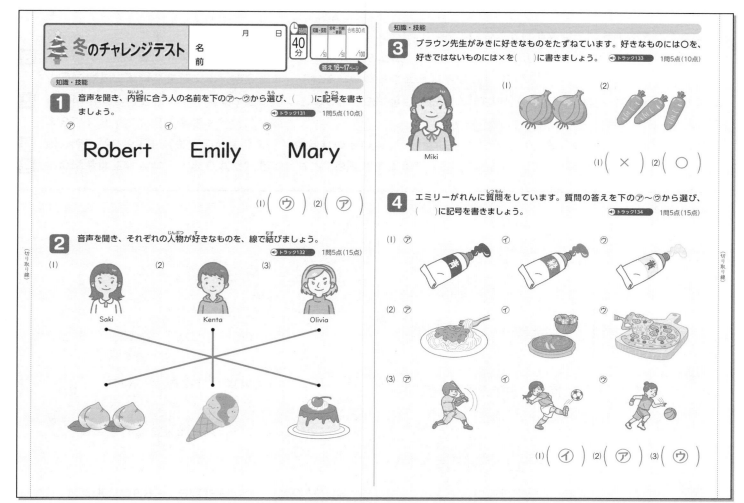

知識・技能

1 音声を聞き、内容に合う人の名前を下の⑦～⑨から選び、（　）に記号を書きましょう。
🔊トラック131　1問5点(10点)

⑦ Robert　⑦ Emily　⑨ Mary

(1)（ ウ ）　(2)（ ア ）

2 音声を聞き、それぞれの人物が好きなものを、線で結びましょう。
🔊トラック132　1問5点(15点)

(1) Saki　(2) Kenta　(3) Olivia

知識・技能

3 ブラウン先生がみきに好きなものをたずねています。好きなものには○を、好きではないものには×を（　）に書きましょう。
🔊トラック133　1問5点(10点)

Miki

(1)（ × ）　(2)（ ○ ）

4 エミリーがれんに質問をしています。質問の答えを下の⑦～⑨から選び、（　）に記号を書きましょう。
🔊トラック134　1問5点(15点)

(1) ⑦　⑦　⑨

(3) ⑦　⑦　⑨

(1)（ イ ）　(2)（ ア ）　(3)（ ウ ）

読まれる英語

1 (1)Hi, I'm Mary. M, A, R, Y, Mary.
　(2)Hello, I'm Robert. R, O, B, E, R, T, Robert.

2 (1)I'm Saki. I like pudding.
　(2)I'm Kenta. I like ice cream.
　(3)I'm Olivia. I like peaches.

3 (1)A: Do you like onions, Miki?
　B: No, I don't.
　(2)A: Do you like carrots, Miki?
　B: Yes, I do.

4 (1)A: What color do you like?
　B: I like green.
　(2)A: What food do you like?
　B: I like spaghetti.
　(3)A: What sport do you like?
　B: I like basketball.

1 Hi.(やあ。)やHello.(こんにちは。)というあいさつと、I'm ～.(わたしは～です。)と自己しょうかいをしたあとに、名前のアルファベットが読まれます。どの名前が読まれているか、注意して聞き取りましょう。

2 名前を言ったあとに、I like ～.(わたしは～が好きです。)と伝える英語が読まれます。likeのあとの食べものを表す言葉に注意して聞き取りましょう。

3 Do you like ～?(あなたは～が好きですか。)とたずねる英語が読まれます。好きだと答えるときは、Yes, I do.(はい、好きです。)、好きではないときは、No, I don't.(いいえ、好きではありません。)と答えます。

4 What ～ do you like?(あなたは何の～が好きですか。)とたずねる英語と、I like ～.(わたしは～が好きです。)と答える英語が読まれます。likeのあとの言葉に注意して聞き取りましょう。

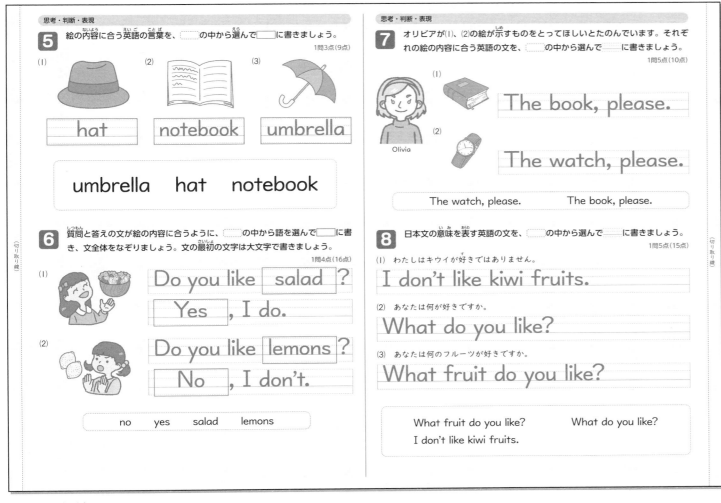

思考・判断・表現

5 絵の内容に合う英語の言葉を、☐の中から選んで☐に書きましょう。

1問3点(9点)

(1) hat

(2) notebook

(3) umbrella

umbrella　　hat　　notebook

6 質問と答えの文が絵の内容に合うように、☐の中から語を選んで☐に書き、文全体をなぞりましょう。文の最初の文字は大文字で書きましょう。

1問4点(16点)

(1) Do you like salad ?
Yes , I do.

(2) Do you like lemons ?
No , I don't.

no　　yes　　salad　　lemons

思考・判断・表現

7 オリビアが(1)、(2)の絵が示すものをとってほしいとたのんでいます。それぞれの絵の内容に合う英語の文を、☐の中から選んで☐に書きましょう。

1問5点(10点)

Olivia

(1) The book, please.

(2) The watch, please.

The watch, please.　　The book, please.

8 日本文の意味を表す英語の文を、☐の中から選んで☐に書きましょう。

1問5点(15点)

(1) わたしはキウイが好きではありません。

I don't like kiwi fruits.

(2) あなたは何が好きですか。

What do you like?

(3) あなたは何のフルーツが好きですか。

What fruit do you like?

What fruit do you like?　　What do you like?
I don't like kiwi fruits.

まちがえた言葉を書きましょう

5 絵の内容はそれぞれ、(1)ぼうし、(2)ノート、(3)かさです。

6 (1)は「あなたはサラダが好きですか。」とたずねる文と、「はい、好きです。」と答える文に、(2)は「あなたはレモンが好きですか。」とたずねる文と、「いいえ、好きではありません。」と答える文にしましょう。

7 絵の内容はそれぞれ、(1)本、(2)うで時計です。 ～, please.は「～をお願いします。」と相手にとってほしいものをていねいにたのむときの表現です。

8 (1)は「わたしは～が好きではありません。」なので、I don't like ～.という文になります。(2)と(3)は「何が」と「何のフルーツが」のちがいに注意しましょう。

17

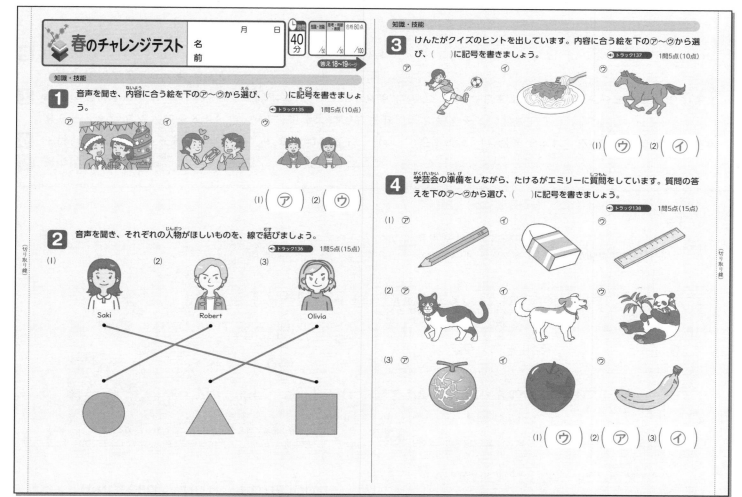

1 (1)Merry Christmas!

(2)Happy New Year.

2 (1)A: What do you want, Saki?

B: A green square, please.

(2)A: What do you want, Robert?

B: A pink circle, please.

(3)A: What do you want, Olivia?

B: A blue triangle, please.

3 (1)A: Hint, please, Kenta.

B: It's an animal.

(2)A: Hint, please, Kenta.

B: It's a food.

4 (1)A: What's this?

B: It's a ruler.

(2)A: Are you a dog?

B: No, I'm not. I'm a cat.

(3)A: I see something red. What's this?

B: It's an apple.

1 季節の行事のあいさつが読まれます。それぞれどの場面で使われる表現か、絵をよく見て聞き取りましょう。

2 What do you want?（あなたは何がほしいですか。）とたずねる英語と、～, please.（～をお願いします。）と答える英語が読まれます。色と形を表す言葉に注意して聞き取りましょう。

3 Hint, please.（ヒントをお願いします。）のあとに、けんたは It's ～.（それは～です。）と言ってヒントを出しています。It's のあとは、ジャンルを表す言葉が読まれます。(1)は animal（動物）、(2)は food（食べもの）です。それぞれの言葉に合う絵を選びましょう。

4 (2)は Are you a dog?（あなたはイヌですか。）という質問に、エミリーは No, I'm not.（いいえ、ちがいます。）と答えています。そのあとの I'm a ～.（わたしは～です。）に注意して聞き取りましょう。

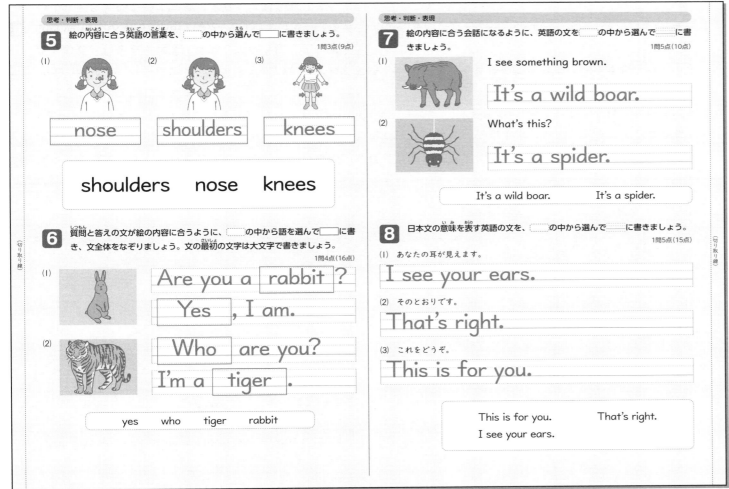

思考・判断・表現

5 絵の内容に合う英語の言葉を、____の中から選んで____に書きましょう。

1問3点(9点)

(1) (2) (3)

| nose | shoulders | knees |

shoulders　nose　knees

6 質問と答えの文が絵の内容に合うように、____の中から語を選んで____に書き、文全体をなぞりましょう。文の最初の文字は大文字で書きましょう。

1問4点(16点)

(1)

Are you a rabbit ?
Yes , I am.

(2)

Who are you?
I'm a tiger .

yes　who　tiger　rabbit

思考・判断・表現

7 絵の内容に合う会話になるように、英語の文を____の中から選んで____に書きましょう。

1問5点(10点)

(1) I see something brown.

It's a wild boar.

(2) What's this?

It's a spider.

It's a wild boar.　　It's a spider.

8 日本文の意味を表す英語の文を、____の中から選んで____に書きましょう。

1問5点(15点)

(1) あなたの耳が見えます。

I see your ears.

(2) そのとおりです。

That's right.

(3) これをどうぞ。

This is for you.

This is for you.　　That's right.
I see your ears.

5 絵の内容はそれぞれ、(1)鼻、(2)かた、(3)ひざです。

6 (1)は「あなたはうさぎですか。」とたずねる文と、「はい、そうです。」と答える文に、(2)は「あなたはだれですか。」とたずねる文と、「わたしはトラです。」と答える文にしましょう。

7 絵の内容はそれぞれ、(1)イノシシ、(2)クモです。(1)のI see something brown.は「何か茶色のものが見えます。」という意味です。「イノシシ」は英語でwild boarと言います。

8 (1)は「あなたの～が見えます。」なので、I see your ～.という文になります。(2)の「そのとおりです。」はThat's right.と言います。クイズなどの正解を伝えるときの表現です。(3)の「これをどうぞ。」はThis is for you.と言います。相手にプレゼントなどをわたすときに使われる表現です。

19

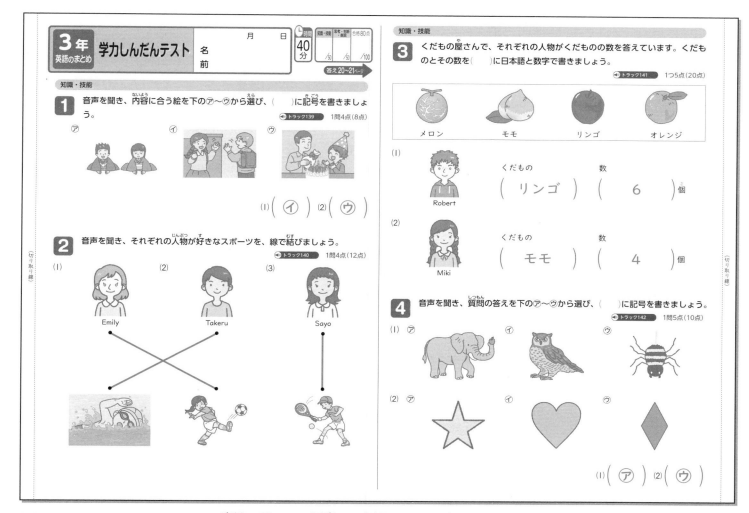

読まれる英語

1
(1)See you later.
(2)This is for you.　Happy Birthday.

2
(1)A: Do you like tennis, Emily?
　　B: No, I don't.　I like soccer.
(2)A: Do you like swimming, Takeru?
　　B: Yes, I do.
(3)A: What sport do you like, Sayo?
　　B: I like tennis.

3
(1)A: How many apples, Robert?
　　B: Six.
(2)A: How many peaches, Miki?
　　B: Four peaches.

4
(1)A: What's this?
　　B: It's an elephant.
(2)A: What do you want?
　　B: A purple diamond, please.

---

1 絵をよく見て、それぞれどの場面で使われる表現か、注意して聞き取りましょう。

2 (1)と(2)は Do you like ～?（あなたは～が好きですか。）とたずねる英語と、Yes, I do.（はい、好きです。）または No, I don't.（いいえ、好きではありません。）と答える英語が読まれます。(1)は最後の I like ～.（わたしは～が好きです。）に注意して聞き取りましょう。

3 How many ～?（～はいくつありますか。）をたずねる英語と、数を答える英語が読まれます。たずねられているくだものと、数を表す言葉に注意して聞き取りましょう。

4 (2)は What do you want?（あなたは何がほしいですか。）という質問に、～, please.（～をお願いします。）と答えています。色と形を表す言葉に注意して聞き取りましょう。

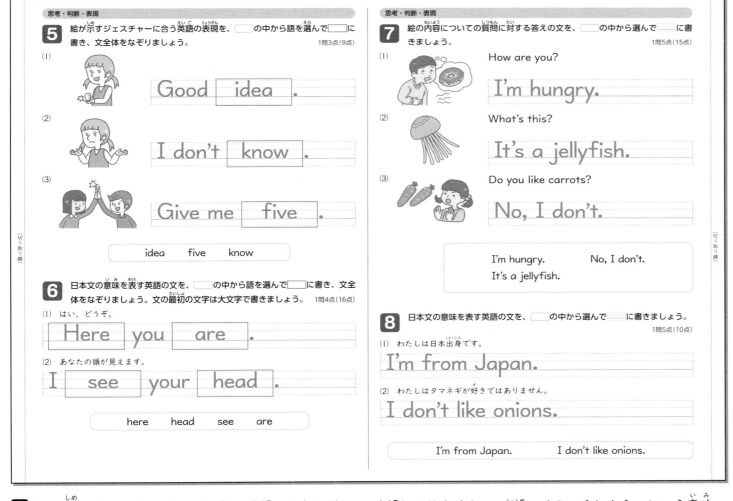

5 絵が示すジェスチャーに合う英語の表現を、□□の中から語を選んで□に書き、文全体をなぞりましょう。　1問3点(9点)

(1) Good idea .

(2) I don't know .

(3) Give me five .

idea　five　know

6 日本文の意味を表す英語の文を、□□の中から語を選んで□に書き、文全体をなぞりましょう。文の最初の文字は大文字で書きましょう。　1問4点(16点)

(1) はい、どうぞ。

Here you are .

(2) あなたの頭が見えます。

I see your head .

here　head　see　are

7 絵の内容についての質問に対する答えの文を、□□の中から選んで□に書きましょう。　1問5点(15点)

(1) How are you?

I'm hungry.

(2) What's this?

It's a jellyfish.

(3) Do you like carrots?

No, I don't.

I'm hungry.　　No, I don't.
It's a jellyfish.

8 日本文の意味を表す英語の文を、□□の中から選んで□に書きましょう。　1問5点(10点)

(1) わたしは日本出身です。

I'm from Japan.

(2) わたしはタマネギが好きではありません。

I don't like onions.

I'm from Japan.　　I don't like onions.

5 絵が示すジェスチャーはそれぞれ、(1)「いい考えだね。」、(2)「わかりません。」、(3)「ハイタッチしよう。」という意味です。

6 (1)の「はい、どうぞ。」はHere you are.と言います。相手にものをわたすときの表現です。(2)の「あなたの頭が見えます。」はI see your head.と言います。「頭」は英語でheadと言います。

7 (1)のHow are you?(ごきげんいかがですか。)は、相手の気持ちや状態をたずねる表現です。I'm ～.(わたしは～です。)と答えます。(3)のDo you like ～?(あなたは～が好きですか。)の質問には、Yes, I do.(はい、好きです。)またはNo, I don't.(いいえ、好きではありません。)と答えます。

8 (1)の「わたしは～出身です。」は、I'm from ～.と言います。fromのあとに出身国の名前を言います。

21

 メモ

メモ